芭蕾舞蹈艺术家林泱泱

林泱泱参与创作的芭蕾舞剧《白毛女》剧照

林泱泱任主要编导的
芭蕾舞剧《玫瑰》剧照

林泱泱参与创作的芭蕾舞剧《白毛女》剧照

林泱泱为演员排练根据曹植《洛神赋》改编的幻想芭蕾诗《神女》

林泱泱获颁松山芭蕾舞团"国际艺术奖"合影

林泱泱一家四口合影

林泱泱与宝岛台湾学员合影

豪华落尽是真淳

林风眠

何士雄 著

上海市文学艺术界联合会 编

海上谈艺录

上海世纪出版集团 上海文化出版社

图书在版编目(CIP)数据

豪华落尽是真淳:林泱泱/何士雄著. —上海:
上海文化出版社,2025.7. —(海上谈艺录). —ISBN
978 - 7 - 5535 - 3211 - 0

Ⅰ. K825.76

中国国家版本馆 CIP 数据核字第 2025JJ9408 号

出　版　人：姜逸青
责任编辑：黄慧鸣
封面设计：王　伟

策　　　划：上海市文学艺术界联合会　上海世纪出版集团
统　　　筹：胡凌虹　陈志强
特约编审：司徒伟智　徐甡民
编　　　务：毛怡芳

丛　书　名：海上谈艺录
主　　　编：上海市文学艺术界联合会　上海文学院
书　　　名：豪华落尽是真淳·林泱泱
作　　　者：何士雄
出　　　版：上海世纪出版集团　上海文化出版社
地　　　址：上海市闵行区号景路 159 弄 A 座三楼　201101
发　　　行：上海文艺出版社发行中心
　　　　　　上海市闵行区号景路 159 弄 A 座二楼　201101　www.ewen.co
印　　　刷：苏州市越洋印刷有限公司
开　　　本：787×1092　1/16
印　　　张：10.5
彩　　　插：2
印　　　次：2025 年 7 月第一版　2025 年 7 月第一次印刷
书　　　号：ISBN 978 - 7 - 5535 - 3211 - 0/K · 353
定　　　价：58.00 元
告　读　者：如发现本书有质量问题请与印刷厂质量科联系 T：0512 - 68180628

目 录

豪华落尽是真淳

目

录

艺术访谈

芭蕾舞是舶来品，以前，芭蕾舞是贵族的艺术，它表现的很多是世界名著故事、神话传说，而且舞蹈表现形式也很严格。所以后来出现了脱掉束缚的舞蹈，用自由的、没有框框的，或用肢体来表现，或用音乐、剧情表达的现代舞。这也是一种新的芭蕾舞，我很喜欢。

不是说传统的芭蕾舞剧没有可看性，也不是现代的舞剧舍弃了传统。芭蕾舞同其他艺术一样，始终是时代和生活的表现。像昨天的《白毛女》和今天的《玫瑰》，对于我们编导来说，灵感的产生正是对生活新的领悟啊。"文章合为时而著，歌诗合为事而作"，有时代气息的，观众就会欣赏，就能产生共鸣。

——林泱泱

芭蕾，艺术"皇冠"上的璀璨"明珠"

时　　间：2021年盛夏
地　　点：上海市水城路林泱泱家
受访人：林泱泱
采访人：何士雄

在"雨余高笋初迎夏，风逗残花尚驻春"的春夏之际，我多次登门采访芭蕾舞教育家、一级编导林泱泱。我与林泱泱在上海芭蕾舞团共事二十个春秋，相交甚欢，对林泱泱比较熟悉。林泱泱在上海市舞蹈学校、上海芭蕾舞团执教四十余年，在上海芭蕾舞团任艺术指导、艺术总监十七年，无论是培养人才、编导作品，还是文化交流、剧团管理，均取得卓越成绩。林泱泱对芭蕾舞事业无限挚爱，视芭蕾舞为自己的生命，他说："我的生命一直在足尖上舞动。"

因此，我对林泱泱的采访就直奔主题，既谈中外芭蕾的发展史，又谈中国芭蕾的现状与未来；既谈芭蕾在社会生活中的地位和作用，又谈如何欣赏芭蕾等。谈芭蕾，林泱泱如数家珍，侃侃而谈。

何士雄（以下简称"何"）：泱泱，目前，随着芭蕾的普及，喜欢芭蕾的人越来越多了，但人们对芭蕾是如何产生和发展的知之甚少，能否请你简单介绍一下芭蕾诞生和发展的历史？

林泱泱（以下简称"林"）：芭蕾起源于意大利，17世纪在法国确立为一种独立的艺术形式，而后在俄国又得到辉煌的发展，至今已有近五百年的历史。芭蕾史上的第一部作品《皇后喜剧芭蕾》第一次把舞蹈、音乐、歌唱与朗诵融为一体，创造了内容贯穿的演剧性芭蕾。18世纪后半叶问世的《关不住的女儿》是早期情节芭蕾中最优秀的一部代表作，使芭蕾从歌剧中分离出来，成为没有歌唱、台词,完全依靠舞蹈和哑剧来表现其情节的一种独立的艺术形式。《仙女》的诞生标志着19世纪浪漫主义舞剧形式的确立,从此充满浪漫幻想的欧洲民间传说相继占据了芭蕾舞台,出现了《吉赛尔》《天鹅湖》等上百部作品。《仙女》第一次使用白色薄纱裙,女主角第一次成功地用足尖起舞,足尖也就成了芭蕾女演员不可缺少的技巧之一。

创新和发展是任何艺术前进的必由之路。产生于本世纪初的现代芭蕾就是对于古典芭蕾的一种进步。现代芭蕾的概念虽然众说纷纭,但在不拘一格这一点上却是基本相同的。芭蕾作为一门世界性艺术,已成为衡量一个国家文化艺术发展水平的标尺。

何:中国芭蕾很年轻,发展历史很短,大家也更关心这方面的情况。著名芭蕾表演艺术家、教育家胡蓉蓉、戴爱莲被人们誉为"中国芭蕾的开拓者",能否请你介绍一下她们的情况?

林:早在清朝末年,中国第一位芭蕾明星就诞生了,她就是慈禧太后的女官裕容龄。这位贵族小姐的父亲裕庚曾任中国清朝政府的驻法公使。1900年,18岁的裕容龄向旅居巴黎的著名美国舞蹈家、被世界誉为"现代舞之母"的邓肯学习现代舞。此后她进入巴黎国立音乐舞蹈学校主攻芭蕾,在法国国立剧院上演的《玫瑰与蝴蝶》中主演蝴蝶仙子,还成功地表演了西班牙舞、希腊舞,在巴黎引起轰动。回国后,裕容龄只是在宫中偶尔为慈禧太后表演,而未能在舞台上为公众一展身手,没有机会充分显示她的艺术才华。

20世纪初开始,随着中西文化的交流,一些芭蕾使者也相继来到中国,把那勾魂摄魄的"脚尖舞"带到半封建、半殖民地的中国的舞台上,其中最为著名的是流亡中国的俄国人尼·索考尔斯基夫妇,他们在"十里洋场"的上海创办了舞校和舞团,招收中国学生,传授芭蕾。

著名芭蕾艺术家、教育家胡蓉蓉是当时少数几个中国学生中的佼佼者。她5岁开始学舞蹈,后进尼·索考尔斯基芭蕾舞学校学习长达15年之久。在校学习期间,从幼年到成年,她先后在《天鹅湖》《胡桃夹子》《睡美人》《神驼马》《伊戈王子》《白雪皇后》等舞剧中担任各种不同性格的角色,经常在兰心大戏院演出,名噪一时,17岁时还与嫂嫂举行过音乐、舞蹈晚会。她幼年时还拍过多部电影,在《四美图》中表演过精湛的芭蕾舞,在夏衍编剧的电影《压岁钱》中表演过踢踏舞,是名闻遐迩的童星。

中华人民共和国成立后,胡蓉蓉曾先后在上海戏剧学院、上海儿童艺术剧院、行知艺术学校教授舞蹈。1960年,上海市舞蹈学校创办之时,她担任副校长,其后执教数十年,培养了石钟琴、杜红玲、汪齐风等一批优秀芭蕾演员。1979年曾任上海芭蕾舞团团长。

著名舞蹈表演艺术家、教育家,在英国的华裔少女戴爱莲也从5岁开始学习芭蕾,1931年,出于对世界一流芭蕾舞巨星安东·道林的仰慕,成为他门下的六个学生之一。安东·道林的老师是一位流亡的大舞蹈家莎拉菲玛,专攻俄国传统的芭蕾技艺。她是一位严师,用拐杖指点学生改正错误,所以她最得意的门生,就是挨她拐杖最多的学生。安东·道林在"拐杖"下成长起来,对学生也极其严厉,因此戴爱莲技艺进步很快。后来戴爱莲又师从芭蕾大师玛格丽特·兰伯特,并以优异成绩考入著名的尤斯利德舞蹈学校。1940年春,因第二次世界大战爆发,戴爱莲返回祖国,在重庆国立歌剧学校、国立社会教育学院传授芭蕾舞、现代舞等。1946年8月,戴爱莲在上海逸园举行独舞晚会,演出了风格迥异的芭蕾舞、现代舞。中华人民共和国成立后,她曾于1963年担任位于北京的中央芭蕾舞团团长。戴爱莲和胡蓉蓉都是新中国芭蕾事业的开拓者。

何:我们党和政府十分重视芭蕾艺术,所以芭蕾事业发展很快,20世纪60年代初,中国仅有中央芭蕾舞团,如今全国已相继成立9个芭蕾舞团,令人瞩目。

林:1949年新中国成立后,党和政府对芭蕾事业十分重视,于1950年把尼·索考尔斯基从上海请到北京,在中央戏剧学院教授形体课;1954到1955年间,又把苏联功勋演员彼·安·古雪夫等一批专家请来中国培养教员、编导和演员,并帮助我国建立了第一所舞蹈学校——北京舞蹈学校,这是中国芭蕾事业的正式开端。值得一提的是被誉为"托举之王"的古雪夫教授,他是芭蕾表演艺术家、编导、学者、教师……这是一位奇迹般地把如此众多的舞蹈专长集于一身的人。他担任北京舞蹈学校编导和教师班的领导人,后又被任命为中国第一个芭蕾舞团——北京舞蹈学校实验芭蕾舞剧团的艺术指导。在这里,他排练了俄罗斯及其他国家的芭蕾舞;在这里,他创作了《鱼美人》,成功地把欧洲和中国舞蹈的要素结合在该剧中。

1958年6月30日是中国芭蕾历史上值得纪念的日子,在古雪夫等人的指导下,北京舞蹈学校第一次公演了著名古典芭蕾舞剧《天鹅湖》,现任中国舞协名誉主席、当时才18岁的白淑湘成功饰演了中国第一代"白天鹅"。次年建立了实验芭蕾舞剧团,1963年,中央芭蕾舞团正式诞生。

中华人民共和国成立之初,戏剧家欧阳予倩曾编导过一出歌颂世界和平的大型活报剧《和平鸽》,戴爱莲在剧中以芭蕾形式扮演了和平鸽。这大概是芭蕾第一次面对中国的广大观众,戴爱莲也成了最早把芭蕾与中国现实生活相结合的先驱者之一。

1964年,由中央芭蕾舞团李承祥、蒋祖慧、王希贤创作的中国第一部芭蕾舞剧《红色娘子军》问世,它取材于一个真实的故事。海南岛上苦大仇深的琼花,经过党的教育和革命斗争的锻炼,从一个有强烈个人复仇思想的女奴,成长为一个有无产阶级觉悟的革命战士。

1965年,由上海市舞蹈学校胡蓉蓉、林泱泱、傅艾棣、程代辉等创作的富有浓郁民族风格的芭蕾舞剧《白毛女》与广大观众见面。舞剧成功塑造了从天真纯朴的喜儿到坚韧不拔的白毛女的主人公形象,生动揭示了旧社会劳动人民受侮辱摧残的苦难生活,热情讴歌了"把鬼变成人"的中国共产党和新社会。该剧理所当然地成为中国芭蕾的奠基作之一。

这两部舞剧不仅大大拓展了芭蕾舞这门外来艺术的表现形式,而且在艺术上既遵循芭蕾艺术的特点,又根据表现新内容、新人物的需要,突破芭蕾程式的限制,使芭蕾原有的特点、技巧与现实生活熔于一炉。舞剧拍成电影后,使数亿中国观众目睹了芭蕾艺术的风采。这是载入史册的一页,在今天它们仍被视为中国芭蕾舞剧的典范,《红色娘子军》还被列入美国芭蕾百科全书。

上海芭蕾舞团于1979年正式命名,它的前身是上海市舞蹈学校《白毛女》剧组。该团成立后,既排演《天鹅湖》等经典名著,又积极创作了《雷雨》等现代芭蕾舞剧,还在国内首次大胆地改编古典芭蕾舞剧《葛佩莉娅》。中央芭蕾舞团和于1980年成立的辽宁芭蕾舞团也相继创作了《祝福》《林黛玉》《梁山伯与祝英台》等民族舞剧。广州、天津、重庆、香港、哈尔滨也都组建了芭蕾舞团,创作了一批优秀芭蕾作品。全国各地的芭蕾舞团,都在开拓题材、塑造人物、创新结构、丰富舞蹈语汇等方面进行了卓有成效的探索。

何:中国第一位在经典芭蕾舞剧《天鹅湖》中饰演白天鹅与黑天鹅的演员

是谁？

林：1958 年 6 月 30 日,北京舞蹈学校在天桥剧场第一次公演了著名古典芭蕾舞剧《天鹅湖》。娟秀俊美的脸庞,颀长匀称的身材,年仅 18 岁的白淑湘成为中国第一位天鹅饰演者,她在剧中同时饰演白天鹅奥杰塔和黑天鹅奥杰丽雅两个角色,并赋予她们截然不同的性格和节奏。白天鹅善良敦厚,手臂舞动如碧波荡漾,脚尖碎步如行云流水,舞出一片诗情画意;黑天鹅狡黠诡诈,她的表演粗犷奔放,尤其在黑天鹅变奏中,一口气首次完成了芭蕾女演员的绝技——32 个单腿转圈。周总理、陈毅副总理观看了演出,周总理亲切地对白淑湘说:"听说你很刻苦、很努力,希望你将来成为一个芭蕾艺术的行家。"《天鹅湖》以其独特的抒情性和形式美,达到了古典浪漫主义舞剧的光辉顶点,白淑湘自此名闻遐迩。

白淑湘 10 岁开始习舞,12 岁起在东北人民艺术剧院少儿艺术团参加演出,1954 年考入北京舞蹈学校,师从苏联人民演员彼·安·古雪夫、鲁缅采娃、尼古拉耶夫。在他们的精心指导下,凭着自己勤学苦练的韧劲,进步神速,主演《天鹅湖》也是顺理成章。此后,她还相继在《海盗》《泪泉》《吉赛尔》《巴黎圣母院》《希尔薇娅》等经典舞剧中担任女主角。有"芭蕾之冠"美誉的《吉赛尔》,其主要功绩在于它第一次使芭蕾女主角同时面临表演技能和舞蹈技巧方面的严峻挑战,所以常被人们认为是"舞剧的哈姆雷特"。白淑湘塑造的吉赛尔形象栩栩如生,从质朴的村女到善良的怨魂,从对阿尔伯特爱与恨的交织到柔情绵绵,表演非常细腻,其中作为幽灵的吉赛尔那轻捷脚尖碎步、酸楚的离别之情、飘然而起的托举、落地无声的跳跃令人赞叹不已。主演《吉赛尔》的成功,使白淑湘在艺术上更趋成熟。

1964 年,白淑湘与中国著名芭蕾编导李承祥、蒋祖慧等勇于尝试,共同创作了成为中国芭蕾奠基作之一的《红色娘子军》,并主演女主角吴琼花,把一个中国劳动妇女的鲜明感人的艺术形象奉献给了中外观众,为芭蕾民族化开拓了崭新之路。此后她多次赴芭蕾故乡——法国进修考察,与世界芭蕾大师尤里耶夫等一起切磋技艺。她兼收并蓄,充实和丰富了自己的表演手段,从而形成了自己独特的艺术风格,那就是娴熟的技巧、细腻的表演、非凡的表现力、现代与古典的水乳交融。

1978 年,白淑湘随团访问美国林肯艺术中心,又在纽约大都会歌剧院献演《红色娘子军》选场,这也是中国芭蕾舞首次登上美国舞台,反响强烈。美国著名现代舞大师玛莎·格雷厄姆亲临观看,十分欣赏,她说:"我很激动,舞剧很有力度,现代芭蕾能演成这样很不容易。"时任美国总统卡特还会见了白淑湘等。

由于白淑湘在艺术上的卓越成就,使其声名日隆。1983 年,她以国际观察员身份出席国际舞蹈家联合会常务理事会。1984 年到 1992 年,她相继四次出任在日本、法国、俄罗斯等国举行的国际芭蕾比赛的评委,受到很高评价。

何:中国第一位在国际芭蕾比赛中获奖的演员是谁?

林:雏鹰刚刚展翅,就要去经受风雨的考验。1980 年,在上海市舞蹈学校学习的汪齐风还未分配到上海芭蕾舞团,就被选送参加在日本大阪举行的第三届国际芭蕾比赛。

五月的日本,樱花烂漫。在 21 个国家 44 对参赛选手的名单中,汪齐风和那些金发碧眼的异国选手站在一起,个头矮一大截,从他们那种矜持的微笑和扫描式的目光中,小汪感觉到了一丝轻蔑,她抿紧了嘴唇一声不吭,只是在心里大声嘀咕:你们等着瞧吧!

第一轮比赛是选手们亮相的时刻,就像新娘突然撩开了面纱,那最初的一瞥留给人们的印象是最深刻最要紧的。聚光灯突然亮了,在侧幕旁候场的汪齐风心里不免有些紧张,她望了一眼坐在评委席上的胡蓉蓉团长,那热情而充满自信的目光和镇定自若的微笑使她紧张急跳的心很快平静下来。悠扬的乐曲声起,她不慌不忙地上场,表演自选剧目《胡桃夹子》双人舞,当男舞伴轻轻把她托过头顶时,她真像一只刚刚学会飞翔的小白鸽,欢乐地振抖着翅膀,似乎马上就要挣脱枝头的羁绊,高高地飞入云天。

第二轮比赛小汪表演规定剧目《堂·吉诃德》双人舞。她旋转时像一阵迅疾的风,移动时像一朵轻盈的云,而单足尖站立如巍然挺立的青松,于是很自然地进入决赛。决赛中,小汪表演了富于民族特色的创作剧目《青梅竹马》和自选古典剧目《睡美人》中"蓝鸟"双人舞,十分引人瞩目,最后荣获第 14 名(三等奖)。虽然名次不令人满意,但这却是中国人争得的第一枚国际芭蕾舞比赛的奖牌,实现了中国芭蕾史上零的突破!大会评判长,一位苏联著名舞蹈家走到小汪面前,这位满头银发的老妇人以亲昵的目光凝视着汪齐风,一只手在她的肩头轻轻抚摸着说:"你很年轻,第一次参加比赛取得这样的成绩,很不容易,你将来大有希望!"短短几句话,对年仅 17 岁的汪齐风来说,该是多大的鼓舞呀!

何：你认为中国芭蕾在国际上的影响、地位如何？

林：当改革开放的春风吹遍祖国大地时，中国芭蕾也开始昂首阔步地走向世界。尤为突出的是，在对古典芭蕾基本功扎实追求的基础上，一代青年演员登上国际芭蕾舞台。

1980年在第三届日本大阪国际芭蕾舞比赛中，上海芭蕾舞团年仅17岁的汪齐风为祖国夺得第一枚奖牌，实现了中国芭蕾史上零的突破。1988年上海芭蕾舞团辛丽丽、杨新华参加了第三届巴黎国际芭蕾比赛，结果"蟾宫折桂"，夺得双人舞一等奖，成为在国际芭蕾比赛中荣登榜首的第一对中国芭蕾演员。

上海市舞蹈学校毕业的谭元元曾任美国三大芭蕾舞团之一的旧金山芭蕾舞团首席演员，她先后在国际芭蕾比赛中荣获六次大奖，并成了美国《时代》周刊的封面人物。2014年1月，在英国，谭元元凭借《RAKU》的出色表演，荣获英国国家舞蹈奖的古典芭蕾最佳女演员表演奖。这是60多位舞蹈评委事先不打招呼，悄悄到剧场观看一年来赴英国演出的舞蹈节目后评出的奖项，实属不易。中央芭蕾舞团、辽宁芭蕾舞团的一批青年演员也在莫斯科、瓦尔纳、日本等国际芭蕾比赛中多次获奖，为祖国赢得了荣誉。

与此同时，中外文化交流日趋频繁，中央芭团、上海芭团、辽宁芭团相继出访近30个国家和地区。英国、德国、苏联等国的芭蕾舞团陆续来中国演出。驰名世界的芭蕾大师美国的安东·道林等均来华执教、指导。我国的一些著名编导、优秀芭蕾演员也先后赴国外执教或参加联合演出。中央芭蕾舞团的郭培慧、赵民华应邀在巴黎歌剧院的舞台上担任主角。上海芭蕾舞团汪齐风、杨新华应邀赴新西兰进行为期两个月的联合演出，在新西兰皇家芭蕾舞团公演的经典舞剧《胡桃夹子》中分饰男女主角胡桃夹子和糖果仙子。他俩的表演轻盈飘逸、古朴典雅、动作舒展、舞姿洒脱，堪称珠联璧合。影响很大的《星期日时报》评论说："他们一出现在舞台上，舞台就显得特别充实，他们的双人舞配合得如此巧妙，是个典范，简直令人陶醉！"时任伊丽莎白二世艺术委员会主席伊恩·科克伦赞不绝口地说："培养出这样优秀的演员，是中国人民的骄傲！"

1991年8月我应美国哥伦布市青年芭蕾舞团邀请，把安徒生童话《卖火柴的小女孩》改编为芭蕾舞剧《奥佩丽》，公演后媒体称赞该剧"既有古典芭蕾风格，又有东方韵味，充分展示了中国编导的艺术才华"。我成了第一个把《卖火柴的小女孩》搬上芭蕾舞台的编导，而且成了新中国第一个赴美编舞剧的人。胡蓉蓉、戴爱莲应邀担任国际芭蕾比赛评委,以无私公正而受到各国评委的交口称赞。1981年,戴爱莲应邀赴英,出席英国皇家芭蕾学院为她举行的石雕头像安放仪式,1983年赴瑞典,参加国际舞蹈理事会第四次大会,当选为该理事会副主席。中国芭蕾终于在世界芭蕾之林占有一席之地。

何:人们都非常喜欢芭蕾,你认为芭蕾究竟有什么独特的艺术魅力?对人们的精神文化生活究竟有什么积极作用?

林:芭蕾是人们高质量精神文化生活的需求,又能发挥寓教于乐的积极作用。

从芭蕾的四大美学原则"开、绷、直、立"来看,芭蕾是一门有着严格科学训练体系的艺术,芭蕾舞者无论男女,通过全身心地向外"打开",尤其是从胯到踝"打开"180度,并以此为基础完成各种规范的动作来达到一种非职业化舞者所不能达到的艺术境界,从而有效地产生一种审美距离。"绷"的原则在优秀的芭蕾舞者身上,绝对不等于骨骼、韧带和肌肉的"僵",而是一种刚柔相济的理想境界。所谓"直",指的是芭蕾舞者无论男女,均需要使上背部像门板似的向上挺直,大有中国古人所追求的"站如松、坐如钟、行如风"的行为准则之境界。所谓"立",指的是芭蕾舞者无论男女,均需要使头颈、躯干和四肢作为一个整体,像古典宫殿似的傲然挺立,气宇轩昂。可以看出要成为一个芭蕾舞者是非常不容易的,必须历经7年的艰苦严格训练,且芭蕾舞者的艺术生命又很短,一般仅20年左右,就不得不离开"天鹅湖"畔,带着淡淡的忧愁和爱意,因而芭蕾女神乌兰诺娃称芭蕾是"残酷的艺术"。

日本著名舞蹈家芦原英子说:"舞蹈家则志于创造美。"这也是舞蹈家的共识。贾作光老师说:"舞蹈可以说是活的流动的人体造型,它不仅体现外形美,而且体现人物的内心美。"钟惦棐说:"舞蹈的第一要素是美——形体的、动作的、节奏的、情调的美。"作为高雅艺术代表的芭蕾更是美的化身。有时女演员那优美的线条、轻盈的舞姿,手臂舞动如碧波荡漾,脚尖碎步似行云流水,更给人们无限的美感。芭蕾几乎成了美的代名词,因而人们追捧芭蕾,甚至为芭蕾而疯狂。被誉为"19世纪最伟大的芭蕾女演员"的塔里奥尼,是她第一次用完美无缺的脚尖舞技术将"仙女"的形象刻画得惟妙惟肖。她那轻盈的脚尖舞步和飘逸的纱长裙成为后世芭蕾的代表性动作和服装。法国大文豪雨果在赠给她的一本书上这样写道："献给你的双脚、献给你的双翼。"更有甚者，1842年3月，一位俄罗斯芭蕾舞迷为了参加一次告别暨欢送塔里奥尼前往法国的宴会，花了200卢布买了一双这位舞蹈家的芭蕾舞鞋。这次盛大宴会上的主食乃塔里奥尼的这双经过专家烹调，并浇上了一种特殊调料的芭蕾舞鞋。说到对芭蕾的狂热，人们想象不出更加辉煌的情感爆发了。

古典芭蕾舞剧《天鹅湖》，以独特的抒情性和形式美的舞蹈，达到了古典浪漫主义舞剧的光辉顶点。尤其是群鹅舞蹈和王子与白天鹅双人舞，王子、天鹅和群鹅的变体群舞，构图精美、舞姿曼妙，令人耳目一新。人们在欣赏芭蕾美的同时，也潜移默化地受到善战胜恶的熏陶，从中陶冶了情操，提升了素养，这就是艺术魅力所在。

人们常说："文化化人、艺术善心。"无非是说文化艺术具有教育功能，正所谓"寓教于乐"。芭蕾当然也具有教育功能。芭蕾在国外有近五百年的历史，而在我国却是一门年轻的艺术。芭蕾虽然是舶来品，但经过中国舞蹈家民族化的探索，创作出了《白毛女》《红色娘子军》等一批中国经典芭蕾舞剧，受到中外观众的热烈欢迎。白毛女的故事是富于传奇性的，艺术家们塑造了这个艺术典型，生动地揭示了旧社会劳动人民受压迫剥削、受侮辱摧残的苦难生活，从而热情讴歌了"把鬼变成人"的中国共产党和新社会。舞剧中白毛女的命运始终牵动着广大观众的心，演出时常常引起强烈的共鸣，每当演到《山洞》一场白毛女与大春重逢时，那悲喜交加的感情"几多年、几多变，亲人相见泪涟涟"，观众也会情不自禁潸然泪下。艺术的魅力是其他任何形式的教育所不能替代的。

何：芭蕾是美的艺术，这是人们公认的，那么芭蕾对国家文化建设是否也有积极的现实意义？

林：芭蕾是一个国家文化软实力的体现之一，是一个国家文化水准的一杆标尺。

人们常说，如果把艺术喻作"皇冠"的话，那么芭蕾则是"皇冠"上的一颗璀璨"明珠"。这非常形象地说明芭蕾在艺术中的重要地位，而艺术与社会生活紧密相连，芭蕾在社会生活中占有重要地位也不言自明。

从芭蕾的诞生和发展来看，其具有雍容华贵、高雅优美的特质。芭蕾是文艺复兴时期意大利宫廷贵族的自娱自乐活动，以后作为一种炫耀国力强盛和弘扬贵族气派的极好方式,传到了法国宫廷,逐步走向专业化。1581 年 10 月 15 日,这是芭蕾发展史上极为重要的日子,因为这天晚上诞生了世界第一部完整的芭蕾舞剧《皇后喜剧芭蕾》,共耗资 350 万法郎。演出自当晚 10 点一直持续到翌日凌晨 3 点半,除动用作曲家、编舞家和大量舞者之外,还专门设计了巨型的喷泉、流水、彩楼、花车等豪华布景道具,其中,仅是那座彩车上的大型喷泉喷涌的巴黎香水之一项费用,就足以让上万名来自不同邻国的皇亲国戚和贵族们瞠目结舌了,可谓空前绝后的纪录。

因喜爱芭蕾并亲自表演而留下"太阳王"美名的法王路易十四,更为芭蕾的继承发展立下丰功伟绩:他在独立执政的第一个十年中,率先创建了世界上第一座正规的芭蕾教育机构——皇家舞蹈学院,而沿用至今的手脚的五个位置和大量程式化的芭蕾舞姿则是 1700 年在这座舞蹈学院得到固定的。

俄国的彼得大帝曾在西欧的几个首都观摩过芭蕾和假面舞。他本人热爱跳舞,而与他同时代的人们曾这样议论过他:"他完成的击腿跳动作或许能使任何舞蹈大师都产生嫉妒。"他亲自安排过许多舞会。皇后安娜·伊万诺夫娜规定,所有军事院校的学生须随她从法国、意大利和德国聘请来的芭蕾大师学习舞蹈课程。在她当权期间的 1735 年,创立了俄国帝国舞蹈学院,即后来基洛夫芭蕾舞团的发源地。从那时起,对舞蹈的兴趣无论是在圣彼得堡还是在莫斯科,都从未减退过。舞蹈很快就被俄国用作玩弄政治游戏的一部分,人们公认,没有什么比盛大的节日舞会更能为扩大国家的影响服务了。

综上所述,可以看出芭蕾是彰显国力强盛、扩大国家影响、弘扬贵族气派、享乐高雅生活的一种独特的艺术形式,因此路易十四、彼得大帝、安娜·伊万诺夫娜才对芭蕾如此宠爱和重视。

同时,芭蕾的四大审美原则对许多运动和舞蹈领域产生了广泛的影响,不仅成为年轻贵族们行为举止的必修课,而且成为多种体育运动项目和各种风格舞蹈的辅助课程,尤其是在腿脚的训练上所具有的优越性和科学性,得到了越来越多人的重视。由此可见,芭蕾在文化艺术中的地位是举足轻重的,代表一个国家的文化水准也是顺理成章的。党的十七大报告中初次使用"文化软实力"的概念,提到"要激发全民的文化创造力,提高国家文化软实力"。"软实力"这个词最早出现于 1989 年,由美国哈佛大学肯尼迪学院教授约瑟夫·奈提出,他认为软实力就是"一种能够影响他人喜好的能力"。说得简单点就是"文化吸引力"。芭蕾以其雍容华贵、享乐而优美的特质,深受各界人士的喜爱。在美妙绝伦的芭蕾王国里,最让观众神往的莫过于那勾魂的"脚尖舞"了,几百年来,以其独特的魅力和威力,不知征服了多少不同种族、肤色、文化、语言和风俗的观众,无疑是世界上最能吸引人的艺术佼佼者。芭蕾是名副其实的"世界语",成为一个国家文化软实力的体现之一也是在情理之中。

何:芭蕾在对外文化交流、扩大中国国际影响力方面也能发挥独特作用,你能介绍一些这方面的情况吗?

林:芭蕾肩负着国家"文化使者"的崇高职责。

当然,不同艺术样式都可以担当"文化使者"的任务,但芭蕾是代表一个国家文化水准的一杆标尺,是广受追捧的"世界语",因而芭蕾肩负国家"文化使者"的重任,是其他艺术样式所不能比拟的。中国芭蕾不仅担负"文化使者"的任务,而且曾肩负着"外交使者"的重任。1971 年,中国发生了震撼世界的两件大事:一是中国在联合国恢复了合法席位;二是美国政府宣布总统尼克松将于次年 2 月访华。国际形势的急剧变化,在日本社会各界和众多民间团体中产生了"地震效应",要求恢复中日邦交的呼声越来越高。应日中文化交流协会和朝日新闻社的邀请,上海市舞蹈学校以民族芭蕾舞剧《白毛女》剧组为班底,组成"中国上海舞剧团",于 1972 年 7 月受命赴日演出,这是中日建交前的一次芭蕾外交。曾是中国驻日本贸易办事处的"日本通"孙平化任团长,另一位"日本通"肖向前也参加了访问团。此时,恰逢执政党自民党总裁选举揭晓,主张对华友好的田中角荣获胜,担任新首相。周总理请访日的农业代表团秘书长陈抗带话给孙平化、肖向前,"把荒地化为平地,盖万丈高楼""永远向前进"。总理巧借了两个人的名字,指示要和新首相、新外相接触,促成他们访华,促进早日建立外交关系。在欢迎酒会上,有记者问孙团长,这次带芭蕾舞团来日本究竟是干什么? 孙团长机智地回答:"主要是来见见老朋友的,还要会见新朋友。"记者追问:"这次要会见的新朋友又是哪些人?"孙团长大大方方地回答:"比如这次当选的新首相、新外相,我想见见他们。"孙团长利用媒体把这个信息很自然地发布出去。舞剧团在日本历时 36 天,共演出 19 场,观众达 4 万多人次,近 70 家报纸、20 家杂志、数百篇评论文章、300 张照片对舞剧团访日演出作了铺天盖地的报道,为中国赢得了巨大声誉。就在舞剧团离日前一天,田中角荣首相会见了孙平化团长一行,明确地说:

"我这次已经说服了各种不同意见,下决心准备到中国去。"当年9月25日,他与新外相一行抵达北京,周总理亲自到机场迎接。9月29日,两国政府发表了《中日联合声明》,中日两国终于恢复了外交关系。由此可见,芭蕾外交功不可没。

当然,芭蕾外交史并不多见,但芭蕾是"世界语",因而与世界各国的交流却是很多的,尤其是中国芭蕾演员参加世界各国的芭蕾比赛,并争金夺银,令世界芭蕾舞坛刮目相看,在国际上树立了中国的新形象,扩大了中国的影响,增进了中国与各国人民的理解和友谊。

汪齐风是中国首次在国际芭蕾比赛中获奖的演员。1982年6月她参加美国杰克逊第二届国际芭蕾比赛,正当她满怀信心准备参加决赛时,舞伴突然出走了,无法参加决赛,而她在前几轮的出色表演,令评委们非常吃惊,本来获奖是十拿九稳的,因而评委们为她感到十分惋惜,决定增设一个"优秀演出特别奖",一位评委把奖送到小汪手中时,含义深长地说了这样一句话:"你才是中国的形象。"

谭元元曾经是美国旧金山芭蕾舞团首席演员,这是该团60年来首位华人首席演员,也是当时中国芭蕾演员在国际著名芭蕾舞团中唯一的首席演员。她从艺25年来,获奖不计其数,几乎夺得了国际芭蕾舞坛最重要的6个大奖。2004年她成了美国《时代》周刊的封面人物,被冠为亚洲20位40岁以下最有影响力的英雄人物之一。2013年12月,她获得美国《舞蹈杂志》评出的"杰出艺术家"称号。同时还荣获英国国家舞蹈奖的古典芭蕾最佳女演员表演奖。她主演的《小美人鱼》大获成功,2013年由美国公共电视台(PBS)拍成了高清影碟,连续三天在黄金时段的艺术栏目播放,并在美国、日本以及欧洲等地发行。谭元元也成为旧金山芭蕾舞团唯一一位三部作品(另二部为《奥赛罗》和《胡桃夹子》)被PBS录制后全美播放的首席舞者。芭蕾女星乌兰诺娃说:"谭元元是我近20年来看到的最年轻但又最具古典表演风格的女演员。"旧金山芭蕾舞团团长兼艺术总监海尔斯·托马森说:"即便撕去了国籍的标签,谭元元仍是一位全方位的世界级舞蹈家。"由于芭蕾在国外的受众面广,因而优秀芭蕾演员在国外的影响力是无法估量的,无疑对中国在国际树立新形象有着独特的积极作用。

何:大家都认为芭蕾确实很美,但不知怎么欣赏芭蕾的美?

林:芭蕾是通过演员的形体动作和表情来表达思想感情的,是一种不说话的艺术。因而要欣赏芭蕾,主要从以下四个方面来看。

一是要看演员的表演是否规范。对芭蕾演员的基本要求是"开、绷、直、立",这就是严格的规范化。芭蕾演员要精确地控制臂、腿、手、脚的动作,使观众看来毫无体重可言。在所有跳跃、回旋以及自转的过程中,背部始终要保持挺直的形态,身体支撑在穿着特制芭蕾鞋绷直的脚趾上,给观众的感觉似乎是在地面上飘动。

二是要看芭蕾演员的技巧难度。芭蕾技巧包括各种跳跃、旋转等,而各种技巧都要在独舞或双人舞中完成,尤其是古典芭蕾双人舞,是一种程式化的表演形式,先是男女双人舞,然后是男女轮番独舞,最后又在结尾性的双人舞高潮中结束,双人舞的表演必须配合默契。

三是要看芭蕾演员的表演。既要看演员的一系列表演,又要看演员把握各个不同节目风格的准确性。有的节目不是以技巧高超见长,而是以抒情细腻取胜,这是观看时需要注意的。

四是看芭蕾舞剧还应从故事情节选择是否简练清晰,人物关系是否不用哑剧也能加以准确地表现,人物形象刻画得是否光彩照人,以及音乐是否适合舞蹈的需要,舞美是否能够恰到好处地衬托舞蹈等方面去看。芭蕾舞剧,它是音乐、舞蹈、文学、戏剧和舞台美术的综合艺术。舞蹈的艺术功能主要在于充分抒发人物的各种感情,因此,它擅长抒情,不善于叙事。

欣赏芭蕾舞剧不能像看话剧、戏曲那样,希望舞蹈有一句句明确的"台词"。丰富多变的手舞足蹈是"放大了的表情"的连续动作。一段编排有致、富有意境的精彩舞蹈,总是某种感情的淋漓尽致的强化和表达。

艺术评传

第一章

革命之家

1939 年 11 月,我出生在越南堤岸市。当时,正值日本发动侵略战争,父亲满怀正义和爱国热情,积极参加抗日、反法运动,并担任越南南堤华侨救国总会秘书长。1941 年秋,父亲因参与策划反法南圻武装起义,被法国殖民当局军事法庭判处十年徒刑,放逐昆仑岛集中营服苦役。正如父亲所说:"男儿堕地志四方,裹尸马革固其常。"

我正是在这种腥风血雨斗争生活中逐步成长的。父亲在狱中受苦受难让我悲痛万分;父亲在狱中的刻苦学习让我深深感动;父亲在狱中的英勇斗争让我钦佩崇拜,父亲是我心中的英雄。父亲出狱后,撰写了著名的报告文学《昆仑岛上的囚徒》(后易名为《昆仑岛上的战斗》),这本书我也记不得读了多少遍,但每读一遍,依然十分激动。这本书也就成为我不断前进的不竭动力。

——林泱泱

林泱泱的父母都是福建省厦门市人。父亲林莺,又名林永福,笔名任啸,1911 年 1 月 25 日生于一个知识分子家庭。爷爷是位医生,家里有不少藏书,除了医学书外,还有外国小说以及鲁迅的小说和杂文集等。爷爷不仅悬壶济世,为民治病,而且目睹广大劳动人民连温饱都存在问题,根本看不起病,因此,在家里经常发表对社会现实不满的言论。耳濡目染下,林泱泱的父亲也逐渐产生了进步思想,同时,学习十分认真,尤其爱好文学,晚上读书至深夜自然成了习惯,家里的藏书几乎翻了好几遍。在福建省原省立第十三中学求学时,凡校园里举办作文比赛,他往往名列前茅。毕业后,就在小学当教员。1930 年后还担任《华侨日报》记者,参加过厦门市左翼文艺团体现实文艺社,并不断以笔为武器,为当地报刊撰稿,抨击国民党的黑暗统治。林泱泱的母亲陈子青,与著名爱国华侨陈嘉庚同一家族，可以说出身名门望族。林莺、陈子青均在厦门集美中学读书，后相识、相爱、成婚。林莺于 1937 年应朋友之邀赴越南华侨集中之地堤岸市担任公立福建学校教导主任，陈子青则在福建中学附属小学教语文。

林泱泱外婆

当时，正值日本发动侵略战争，林莺满怀正义和爱国热情，积极参加抗日、反法运动，并担任越南南堤华侨救国总会秘书长。1938 年，林莺加入印度支那共产党（1951 年改名为越南劳动党），1940 年当选为印支党南堤中国同志工委会委员。1941 年秋，参与策划反法南圻武装起义失败。一个风雨交加的黑夜，林莺家突然闯进几个凶神恶煞的不速之客，带走了林莺。由于叛徒的出卖，林莺被逮捕了，被法国殖民当局军事法庭判处十年徒刑，放逐昆仑岛集中营服苦役。这对陈子青来说，无疑是晴天霹雳，不仅因为林莺是家里的顶梁柱，而且家里当时还有林莺的母亲，以及于 1939 年 11 月 15 日出生在堤岸市还

不足 3 岁的儿子林泱泱，家里的生活重担瞬间落在陈子青肩上，可谓泰山压顶，难以为继。为此，她经常是"孤灯不明思欲绝，卷帷望月空长叹"。万般无奈之下，陈子青除了任语文教员外，还要任家庭教师教授钢琴。因她出身书香门第，是位大家闺秀，学过钢琴，同时，她喜欢文艺，还会编舞，就同时教小朋友跳舞，以支撑这个摇摇欲坠的家庭。林莺秘密参加革命活动时，陈子青也帮助做些外围工作，身边也团结了一批进步青年，曾引起反动当局的注意。林莺被捕后，反动当局在她周围安排了密探，一边监视她所有活动，一边不时传唤她，要她交代上级革命组织的联系人及革命志士，而她却从未透露半点信息。生活重担和精神折磨把林泱泱母亲的身体压垮了，患上了心脏病和胃病，但她依然如故，装做没病似的操持家务，上班工作。直到 1945 年越南八月革命胜利之后，林莺方才恢复自由。

林莺服苦役期间，家里几乎没有笑声欢语，唯一的安慰是林泱泱长得像小帅哥，白皙皮肤，眉清目澈，天资聪颖，在学校教室里，他会爬上琴凳，偷偷地乱弹钢琴，母亲在教小朋友跳舞时，他会在一旁手舞足蹈，舞蹈感觉还不错，母亲看在眼

里记在心里,晚上,在家里有时会要求林泱泱表演一段白天看到的舞蹈,他居然没有忘记,跳得像模像样,这时,母亲脸上才会露出一丝会心的微笑,心里默默地想着:将来一定要把泱泱培养成对祖国有用的人才。林泱泱的名字是父亲林莺起的。当林莺得知陈子青生了个儿子时,他脑子里突然冒出宋朝范仲淹在《严先生祠堂记》中的四句话:"云山苍苍,江水泱泱,先生之风,山高水长。"先生是指东汉隐士严光,林莺当然不想儿子成为隐士,而是期盼他有宏大志向,山高水长,成为国家的栋梁之材,所以给儿子取名林泱泱。

幼儿时的林泱泱　　　　　　　　　　　林泱泱幼时与母亲合影

"种树者必培其根,种德者必养其心。"一个人的思想境界、道德素养的培养,必须从小抓起,因而,陈子青对儿子要求十分严格。1943 年起林泱泱在堤岸福建中学附小及义安小学读书。林泱泱从小乖巧听话,他们一家均住在学校,陈子青不许他随意出校门,他就不敢越雷池一步;不许他与调皮捣蛋的小朋友玩,他就老老实实地与举止文明、学习用功的小朋友玩;不许他看不健康的小人书,他就读唐诗、背唐诗,日子一久,他能流利背出广为传播的几十首唐诗。采取这些措施,无非是怕生在这样一个混乱不堪、黑暗腐败的社会里,少受不好的影响,以确保林泱泱能健康成长。事实上,母亲工作十分繁忙,很少有时间管教他,完全靠林泱泱的自觉遵守,但当母亲稍有闲暇时,就会教他温习功课,教他练习钢琴。与林泱泱相处时间最多的还是奶奶,因为是独养孙子,奶奶对他是宠爱有加,百依百顺,使林泱泱过着"饭来张口、衣来伸手"的养尊处优生活。尽管家里不富裕,奶奶仍会偷偷塞些钱给他买零食吃,母亲发觉后,唯恐林泱泱养成好逸恶劳的坏习惯,就会说奶奶几句,可奶奶处处护着他,有时还会与母亲发生争执。林泱泱年纪虽小,却很机灵,心里明白,母亲不希望他多吃零食,他暗暗下决心,要改掉这个坏习惯。原来他很爱吃零食,居然慢慢"改邪归正",除了母亲给他吃的零食外,自己再也不去买零食了,母亲见此情景,也很感动,跷起大拇指对他说:"好孩子!"

奶奶、母亲、林泱泱三人相依为命,熬过了四年的艰苦生活,直到 1945 年,日本军国主义投降,越南印度支那共产党派船把在昆仑岛服苦役的全部政治犯解救出来,但是法国殖民者仍在越南迫害革命者,林泱泱父亲偷偷潜回家,全家终于相聚在一起。不过,团聚的日子并不长,父亲仅住了短暂的几天,"丈夫不作儿女别,临歧涕泪沾衣巾",遵照党组织指示,继续投身秘密的革命工作,又匆匆离开了温馨的家。

1948 年,法国殖民者因抓不到林泱泱的父亲,对林泱泱的母亲虽然有所怀疑,但始终未掌握她参加革命活动的任何证据,最后束手无策,只好把他的母亲驱逐出境。由于期限紧,父亲又不在身边,加上前一年母亲刚为林泱泱生了个弟弟,虚弱的身体更是雪上加霜,因此,一家四口无法一起离境,无奈之下,只得把奶奶、弟弟留下,由姑姑代为托管,仅带林泱泱离境。殊不知姑姑以摆摊为生,收入微薄,现在要增加两人糊口,困难可想而知。临别时,母亲抱着弟弟,按捺不住内心的悲伤,潸然泪下,"此时一别何时见,遍抚儿身舐儿面"。

在党组织和同志们的安排下,母亲与林泱泱坐船抵达香港。待他们离开越南后,法国殖民者后悔了,突然下令逮捕其母亲,但为时已晚。隔了不久,父亲也赶到香港,准备转道去延安。为了避人耳目和筹措资金,父亲暂时居住在香港,一边继续为"越盟"秘密工作,一边撰写报告文学《昆仑岛上的囚徒》(1955 年于北京出版时易名为《昆仑岛上的战斗》)。当时母亲在一所幼儿园任音乐教员,把林泱泱寄宿在香港中华音乐学院学钢琴,这所学校曾为掩护党的地下工作者做过贡献,而且有母亲的同事及学生,生活总算暂时安顿下来,一家其乐融融。

林泱泱自幼喜欢听大人讲故事,见哪个大人有空,他就缠着谁,记忆中,奶奶给他讲过《白蛇传》,他最恨那个凶神恶煞的法海,处处迫害善良勇敢的白娘子;母亲在林泱泱睡觉前,也会给他讲孙悟空的故事,印象最深的是孙悟空能七十二

中华音乐学院在香港第二次音乐晚会后合影

变,那双火眼金睛能识别一切妖魔鬼怪。如今,父亲在他身边,因而周末回家时,就一再要求父亲讲故事。父亲看他很懂事,心想也应对儿子进行"润物细无声"的教育,而自己的报告文学《昆仑岛上的囚徒》基本完稿,于是就把在昆仑岛上的战斗生活编成一段段小故事,陆续讲给林泱泱听。每次林泱泱都是睁大眼睛,一眨不眨地听得津津有味,这些有血有肉的故事,令他刻骨铭心,至今还历历在目,有的情节甚至能倒背如流。

父亲讲的故事中的革命者名叫张红,他于 1938 年加入印度支那共产党(1951 年改名为越南劳动党),因积极参加抗日、反法运动,被捕入狱,判了十年徒刑,流放到昆仑岛服苦役。昆仑岛是通往新加坡的必经之路,位于印度支那半岛的南端,因囚禁政治犯驰名,岛上有 3000 余名政治犯,当然也拘禁着一大批刑事犯,是法国殖民者在印度支那最大的一个杀人场。张红在被押解去昆仑岛前第一次受审时的情景,林泱泱记得十分清晰。翻译用广东话开始讯问:"什么名?""张红。""你的行动,我们都调查清楚了。你当过教员,干过救国运动,宣传过共产党的主张,还有……老实说吧,你是个共产党,你都干过什么事,还是痛痛快快地说吧,你要看得开想得开,我们是不会亏待你的。"张红马上答道:"你们说得对,我做过抗日工作,因为我是中国人。你们既然查得清楚,就不用再问了!"顿时,那个侦讯员阴阳怪气地吼叫起来,他用大拇指指向那架上的骷髅怪叫道:"看到了吗? 你狡猾是没有用的! 你们抗日抗月我不管,现在是问你在共产党里干些什么工作?"无耻的翻译也模仿那家伙的腔调:"你瞧那架上的骨头,你认得壁上写的字吗?"张红沉默不语。"死或供,"翻译一字字地说道,"两条路由你挑,想死自然没有话好说,要活,你就得说实话。""我没有什么好说的。"张红说。此时,那个侦讯员已抢起一根藤鞭朝张红头顶猛抽,"狗种,不肯实说,你这么瘦巴巴的,经得起打吗?"狗腿子翻译骂道。"别人都说了,你还嘴硬,吃亏的是你自己。""少说废话,我什么也不知道。"张红硬邦邦地顶了一句,皮鞭像雨点似的抽他。回到牢房,张红满口发干,浑身发烧。用手捧着自己的尿漱口,觉得又咸又辣,直想呕吐。不一会,张红又被带到刑讯室。"你到底供不供?"翻译嚷道。"我的话已经说完了。"敌人凶狠地反绑着张红的双手,用绳子把他吊到天花板上,张红忍着疼痛高声咒骂着。"妈的,你还骂人,打死他,打死他!"棍子冰雹般地朝张红的头、胸部、四肢飞落下来,张红终于昏死过去。

翌日,敌人又对张红动酷刑了,几个侦探七手八脚把张红的双手套上两个铁圈,一通电流,他顿时浑身一阵麻木、燥热,肌肉向一起紧缩,不停地跳动,就像有许多钢针刺着似的,他窒息,想喊叫,可是发不出声来,突然眼睛一黑,完全失去了知觉,待他苏醒过来,已是在牢房冰冷的水泥地上。这时,远处的牢房传来几声急切的呼叫:"死了人啦!"张红心想,这个人间地狱不知毁灭了多少革命者的生命,也许明天我也要被敌人杀死、折磨死,那也没什么可怕,因为我是为人民的事业牺牲的,我一定要坚持斗争,不辜负党对我的教育。

"三生不改冰雪操,万死常留社稷身。"张红坚强不屈、视死如归的精神,犹如一团烈火,始终在林泱泱心里燃烧着,张红的英雄形象在林泱泱心中越来越高大。

张红自押解至昆仑岛服苦役后,更是苦不堪言,光着脚,被逼着到荒山上采石、伐木;还要到海底采珊瑚石,折手断足成为常事,监狱当局根本不给医治,听任伤口生蛆、腐烂。有人被迫上吊自杀,山间的大树上,常出现一具具悬挂着的尸体,在风中摆动。一次,痢疾迅速传染,当局就给些白粉末,殊不知,那根本不是药,而是石灰。父亲说:张红这时也染上痢疾,且毒疮迸发,特别是两腿和屁股上,常流脓水,有时还一滴一滴淌个没完,疼痛交加,坐卧不宁,只得想办法把脓水挤出来,一股股的膻腥气味,熏得人直恶心。但在这样恶劣的生活环境中,革命者都依然很乐观。在长期的囚禁中,日子早被忘记了,大家记得最清楚的是星期六,因为这一天不仅能每人分到一块薄薄的牛肉,而且一到吃过饭后,守牢房的法国狱警不知到哪喝酒玩乐去了,只有越南籍的老狱警留守,不过他们不是烤山芋吃,就是呼呼大睡。这短暂的时间,对大家太宝贵了,于是开始自娱自乐度周末了,下起自己制作的跳棋、象棋;有的做游戏,有的学唱《国际歌》及抗战歌曲《到敌人后方去》;甚至有人还跳起了民间舞。欢声笑语,照样玩得津津有味,"花迎喜气皆知笑,鸟识欢心亦解歌"。革命者这种革命乐观主义精神,深深感染着林泱泱,似涓涓细流一直在他心田里流淌着。父亲说:在昆仑岛上还建立了党组织,领导大家与监狱当局展开多次斗争,并取得胜利,这让林泱泱更是不能忘怀!

父亲说:到了昆仑岛不久,张红被分配在第十号牢房,有 80 余人,岛上的党组织就通过倒开水的囚犯跟张红联系了,组织上指示他们立即建立狱中支部,密切团结群众,互相教育、互相帮助,积蓄力量,准备斗争。大家受到了很大鼓舞,斗争就有明确的方向了,并计划在牢房中开展学习、体育和文娱等活动。于是,狱中的学习组织起来了,有的分配教中国新文字和抗战歌曲,张红被推定教世界地理,另一个越南同志讲革命理论。学习找不到课本,就凭各人的记忆来讲,漏掉的别人补充,讲错的大家纠正。那时,德国法西斯正在疯狂进攻苏联,因此,地理课首先讲的是苏联概况和波罗的海沿岸几个国家的状况。

学习的另一个困难,是没有纸笔。画地图,学语文,都少不了这些东西。后来,大家就利用"放风"、吃饭等机会,偷偷拾来一些砖块、瓦片、木炭,代替粉笔,洋灰地就当"黑板"了。可是,一位越南兄弟有一次捡瓦片被狱警发觉了。狱警说他"图谋不轨""宣传共产主义",用鞭子抽了他一顿,还把正在燃烧的烟蒂突然塞进这位兄弟的鼻孔里去,真是狼心狗肺之辈,大家很是气愤。张红喜欢看书,不仅从狱友处借到手抄本《共产党宣言》,而且还借到鲁迅、茅盾、丁玲和巴金的创作选集,他如获至宝,因为"能嗅到祖国乡土的芳香了"。当痢疾迅速传染时,服苦役的人全部处在死亡边缘,在这个危急关头,岛上党组织通过干清洁工的苦役,把指示传给大家:"立即组织绝食,抗议法国殖民者蓄意谋杀政治犯的罪行。"大家对组织绝食还缺乏经验,经过党小组交换意见,决定分成六个小组进行讨论,每个党员要用法国殖民者阴谋杀尽政治犯的种种事实来说服大家,争取一致行动。有一个因得罪了乡长,在南圻起义时被指为"暴徒"的屠夫,他摇头说:"绝食比枪毙还痛苦,我可受不了。"几个党员晚上都未睡,分头给那些犹豫不决的人打通思想。张红和那个屠夫睡在一起,耐心地启发他:"你不想想,是谁把你抓来的? 害你的是法帝国主义的狗腿子乡长,共产党是反对他们的。大家再不团结一心,再过二三年,都得被折磨死,连家也回不去……"屠夫觉得这话有道理,第二天早上,当众表示拥护绝食。两天后,第十号牢房全体囚徒一致宣布绝食,各牢房都提出了同样的要求:(一)马上改善牢狱膳食,每天给一些食盐;(二)每天在阳光下散步二个钟头,洗海水浴,把生病的犯人都送到医院去;(三)不得殴辱犯人。不出所料,这个请求大大地激怒了典狱官。第二天,两个连全副武装的狱兵开到监狱来了,几个狱长手里拿着大藤鞭,冲入铁栅门来,没头没脑地朝大家乱抽。不屈服的狱友们反抗了,大家奋力去夺鞭子,发生了肢体冲突,狱长一看人多势众,狼狈地逃走了。但到晚上,因囚徒都被单独传讯了一遍,要每个人指出谁是这次绝食的领导者,敌人从亲日派和流氓嘴里毫不费力地探听出底细。于是几个同志被抛进了黑牢,张红等七个被认为是激烈分子的囚犯被押到锁脚牢去了。但斗争仍坚持着。第四天,第二大监狱近千名政治犯也起来响应,宣布绝食了,声势浩大的绝食,敌人有些慌乱了。白天狱长端着刺刀,在铁窗外巡行。晚上,加派了岗哨,走廊上,哨兵不时地喊着"口令",把枪栓拉得哗哗响。绝食坚持了六天,大监狱里的狱友们滴水未进。第十号牢房的狱友们饿得浑身发抖,连坐起来的力气都没有。可是大家仍互相鼓励着:"绝不中途妥协,要坚决斗争到底。"因为大家知道,这个斗争是生死存亡的斗争。典狱官是只狡猾的狐狸,竟异想天开地想出一条"妙计",他命令炊事犯破例煮了一大盆香喷喷的炖牛肉和酸菜放在牢房口,以引诱绝食者,可是没有一个人出去吃,炖牛肉从这个牢房端到那个牢房,最后还是原封不动地搬了回去。

绝食运动日益扩大。第一号大监狱的部分散工也绝食了,散布在各园地、工场的苦工犯们也举行怠工,典狱官深恐事情闹大,发生暴动,在请示参办官后,在绝食的第九天不得不亲自到第十号牢房宣布,条件全部接受,还答应把囚禁在黑牢和锁脚房的狱友们统统开释,斗争终于取得胜利。

在狱中,党组织领导斗争取得胜利的故事引人入胜,林泱泱听得饶有兴趣,这些事迹深深地烙印在他的心里,永远不会忘记。林泱泱对张红印象深刻,是他非常崇拜的革命者。起初,父亲并未告诉林泱泱这个张红是自己在昆仑岛服苦役时的化名,一次偶然的机会,母亲告诉他这个张红就是他父亲。母亲说:"父亲做人很低调、真诚,从不把狱中经历挂在嘴边,从不宣扬自己,连自己儿子都隐瞒,真是豪华落尽是真淳。"自此,林泱泱对父亲更是肃然起敬,父亲成为他心目中的英雄,他希望自己长大后也成为像父亲一样的英雄。父亲写的《昆仑岛上的战斗》1955 年在北京工人出版社出版,书的内容提要中写道:"昆仑岛集中营是法国殖民者在印度支那最大的一个杀人场。作者在抗日战争时期,曾被拘役此处。作者用自己亲身经历的事实,揭露了法国殖民者如何野蛮地以密探、军事法庭、牢狱和苦役来迫害革命者。真实地记录了被囚禁在孤岛中的革命者如何在党组织的领导下,开展顽强不屈的斗争。这些斗争,表现了中越革命者用鲜血凝结成的战斗友谊和共产党人崇高的革命品质、革命乐观主义的精神。"父亲给了林泱泱一本,他欣喜若狂,比收到贵重礼物还高兴。他把书放在枕头边上,不时翻阅着。林泱泱说:"这本书伴随我成长,给了我战胜学习和工作上遇到的困难和挫折的勇气和信心,成为激励我不断奋进的不竭动力。这是父亲留下的最宝贵的精神财富,我将珍藏一辈子!"

第二章

梦想成真

　　1954年，我考入北京舞蹈学校芭蕾舞科，终于梦想成真。我的老师是当时著名的舞蹈艺术家张旭。在中华人民共和国成立初期我能作为学习芭蕾艺术的大学生，真的很幸运。后来，苏联功勋演员彼·安·古雪夫亲自教授我两年芭蕾。之后，我跟俄罗斯四位专家进行专业古典芭蕾训练。真的，我从来没有想过转行，也很少有学舞蹈的人转行。"志须预定自远到，世事岂得终无成。"因为，学习舞蹈是从小就要开始训练并不断坚持下去的，舞蹈跟你一生，而我又是天生就爱舞蹈的人。

——林泱泱

　　林泱泱与父母亲在香港住了不到半年，1949年9月，与母亲随父亲由香港转到北京。在中共中央统战部的安排下，父亲进入华北人民革命大学政治研究院学习。毕业后，被分配在越南驻华大使馆工作，先后担任越南驻华大使馆支委、工会主席和新闻专员等职务。为配合1954年召开的关于印度支那问题日内瓦会议的宣传工作，父亲应邀在《世界知识》杂志上发表了五篇有关越南问题的专论，受到《世界知识》杂志编辑部的高度评价。

　　1963年，父亲被选派到越南河内阮爱国高级党校学习，结业后被调至越南外文出版社当译审专员，参与编审、审校了几十万字介绍越南革命史迹和中越两国人民友谊的论著及文艺作品，为增进中越两国人民之间的战斗友谊和相互了解，倾注了大量心血。他曾在胡志明主席访华期间担任翻译，并与黄文欢同志结下了深厚友谊。由于他为越南革命所做出的贡献，先后获得了越南民主共和国政府颁发的抗战勋章和劳动勋章各一枚，获得其他奖章、奖状数十枚。

　　1973年冬，父亲回国，经组织安排定居上海并转为中共党员。先后担任全国侨联委员、上海市侨联副秘书长、全国侨史学会理事、上海市侨史学会副会长等职。1978 年受聘为上海市文史馆馆员。1982 年 1 月加入中国致公党，并被推选为致公党中央知识分子委员会委员。1982 年 5 月起任上海市人民政府参事。其间，他为我党的统一战线事业和侨务工作做出了积极的贡献。

林泱泱到北京第二天，母亲就悄悄问他："你长大了想干什么？"林泱泱睁大眼睛看着母亲想了想说："像母亲一样，将来当人民教师。"这个回答完全出乎母亲的意料，母亲拉着他的双手又问："你不是喜欢音乐和跳舞吗？""是的，我会弹钢琴、会跳舞，将来能当个演员，那该多好啊！"林泱泱毫不掩饰地直白道。母亲与父亲商量，考虑到他年仅 11 岁，又爱好文艺，由中联部推荐，决定把他送到中国青年艺术剧院附属少年儿童团，那儿又唱又跳，很适合他。当母亲把这个决定告诉林泱泱时，他拍着双手跳了起来，感到特别高兴，因为这正是他的梦想。母亲叮嘱他："到那儿要开始独立生活，每周周末才能回家一次，所以一定要听老师的话，不要调皮，好好学习！"林泱泱点点头："知道了，我会像听父母亲的话一样听老师的话。"

当林泱泱兴高采烈地跨进中国青年艺术剧院的大门时，这也意味着他正式走上了漫长的艺术之路。林泱泱被分配在儿童团第三分队，主要任务是学习文化、话剧和歌舞，每天要到东观音寺小学上课。一切都还算正常，但过了一段时间，第三分队又进来一批小学员，其中调皮捣蛋的有之，耍小流氓习气的有之，打架斗殴的有之。第三分队由一个辅导员管理，但这位辅导员管理不严，他要求小学员们自觉地相互管理，那等于是没有人管理，导致学员们纪律不严明，有时就自由散漫，上课不认真听课，下课就乱买零食吃，放学后也不好好做功课，还拉林泱泱一起去玩。这一时期对林泱泱确实产生过一定影响，周末回家时，他主动把上述情况告诉了母亲，母亲严肃地告诫他："不管别人怎么样，至少你自己要管好自己，没有知识、没有文化，将来怎么当演员？"父亲送给他两句诗："少年辛苦终身事，莫向光阴惰寸功。"殷殷嘱咐他："一寸光阴一寸金，一定要珍惜时间，抓紧学习，艺术之路没有捷径可走。"林泱泱牢记着父母亲的话，要一步一个脚印地前进。自此，他

少年时期的林泱泱

下决心不与小学员们一起混,一门心思学习,成绩名列前茅。几个月后,他就开始参加节目排练。

1950年,中国现代舞开拓者吴晓邦举办现代舞培训班,父亲得知信息后,就与母亲沟通,母亲认为林泱泱从小喜欢舞蹈,而且身体条件也不错,可以从舞蹈演员这个方向发展。于是翌晨父亲就帮林泱泱报了名,每周双休日去跟吴晓邦大师学跳现代舞,使他的舞艺有长足的进步。

1951年林泱泱开始表演节目了,他跳的第一个舞蹈是中国舞《爸爸参军》,表现了儿子欢送爸爸参军的热烈气氛,是在青年艺术剧院小剧场表演的,这是年终学习结束的汇报演出,邀请学员的家长前来观摩,林泱泱的父母亲也赶来观看。同时,林泱泱还表演了《鞭炮舞》,这是欢度春节的喜庆舞蹈。两个舞蹈虽然内容简单,又是集体舞,但林泱泱的表演却活泼可爱,充满童趣,很是抢眼。演出后,掌声雷动,家长们的鼓掌尤为卖力。林泱泱初次登台,又首次获得这么热烈的掌声,这掌声犹如催人奋进的鼓点,他内心很是激动,甚至有些飘飘然了,散场后,父母亲到后台找到他,既肯定他表演不错,又给他敲响了警钟:"你的舞艺确有提高,但离真正的舞蹈家相差甚远。诗非易作须勤读,琴亦难精莫废弹。艺路漫漫,尚须努力!"林泱泱静静地听着,父亲的话他牢记在心里。

林泱泱与父亲在北京合影

不过，此后林泱泱很少跳舞，除了参加童话舞剧《在果园里》演出外，以演话剧和拍电影为主，因为他长得英俊，擅长表演，悟性又高，普通话也很标准，故多次被导演选中。林泱泱参加演出的话剧有《开锣之前》、苏联中型儿童话剧《同志们和你在一起》、苏联童话剧《小白兔》等，在《小白兔》中他饰演小黄兔，演来活灵活现，最后被拍成电影，搬上了大银幕。刚听说《小白兔》要拍成电影时，林泱泱煞是高兴，因他爱看电影，但自己参加拍电影对他来说却是新鲜事，做梦也没想到，他也很想知道电影究竟是如何拍的。那天晚上他几乎没有好好睡，第二天一早就起床，像兔子似的蹦蹦跳跳到了剧院，发现自己是第一个到，待演员到齐后，集体去北京电影制片厂。一进摄影棚，在聚光灯下，他感到很不适应，手足无措，不知怎么表演。毕竟这是第一次拍电影。此时，他想起了临行时父亲对他说的话："要听导演的话，心不要慌乱，你就看作舞台演出就可以了，一次没拍好，可以拍第二遍，所以不用紧张。"于是，林泱泱心慢慢平静下来，人也逐渐镇定了。他饰演的小黄兔灵动，有质感，结果拍摄一次成功，导演走到他面前，拍拍他的脑袋说："你很棒！"由此，电影导演找林泱泱拍电影的就多了起来。

1953 年，除了参与表演互相团结友爱的苏联中型儿童话剧外，主要就是参与拍电影了，相继拍摄电影《卫国保家》，在影片中饰演儿童角色；以及反映一贯道反动组织罪恶的电影《一贯害人道》。林泱泱在《一贯害人道》中饰演明星黎铿的童年角色，导演说林泱泱很像童年时的黎铿，故被选上。而林泱泱也不负众望，很好地完成了角色塑造。

在北京舞蹈学校练功

1954 年 9 月，北京舞蹈学校成立，招收六年制学生，消息不胫而走，林泱泱喜出望外，征得父母亲同意，兴高采烈地报了名。考试那天，林泱泱起了个早，走进考场，是一间宽敞明亮的教室，气氛十分紧张，林泱泱环视一周，三面墙上装着把杆，一面墙上是偌大的练功镜，镜前坐着一排考官老师，态度很严肃。尽管教室里仅他一个学生，但林泱泱却不慌张，镇定自如，他也算是经历过

风雨见过世面的人。一位考官老师走到他面前,给他量上下身的比例,然后是弯腰、抬前后腿、伸脚背等,接着放音乐,让他随音乐起舞,他就跟着音乐的节奏舞动,跳得很潇洒自如。考完试,林泱泱自我感觉很好,但考官老师并未当场表态,只是对他说:"是否录取,回去等通知。"等通知这几天,日子不太好过,林泱泱总感觉时间过得太慢,晚上躺在床上,也想东想西,心想:如果能如愿以偿,那就太好了,如果未能录取,那可太没面子了。想得多了,就睡不好觉,甚至有一夜几乎失眠了。考试后第十天,林泱泱终于收到通知,最后林泱泱因腿长、身体柔软度好、乐感强及舞蹈感觉也不错,被正式录取。当时,捧着通知书,犹如捧着奖状,林泱泱激动得情不自禁手舞足蹈起来,像一只快乐的小鸟飞到了家里。父母亲得知此消息,也很为林泱泱高兴。在饭桌上父亲郑重其事地对林泱泱说:"从当一个学生到成为舞蹈家,其间有很长的距离,你要有吃苦的思想准备,唯有付出,勤学苦练,不断努力,才能实现梦想。学海迷茫未有涯,何来捷径指褒斜。"随后送林泱泱韩愈《进学解》中的两句话:"业精于勤荒于嬉,行成于思毁于随。"林泱泱是个很听话的孩子,这两句话以后就成了他做人、做事的座右铭了。

　　舞校招收的对象,一般是10岁至12岁的学生,而林泱泱当时已是16岁了,因他业务条件很突出,故被破格录取。不过,他不能是一年级的学生,只能是三年级的学生,也就是说,对林泱泱的业务要求更高,等于是连升三级。好在他有一定的舞蹈基础,加之本人又很刻苦,很快跟上三年级的业务水平,没有辜负老师的期望。前两年学生不分专业,芭蕾、古典舞、民族舞等每个学生都得学,古典芭蕾由陈伦老师任教,外国代表性民间舞蹈由陆文鉴、邬福康老师亲授。到第三年开始分科,老师根据林泱泱的业务水平、身体条件,把他分到芭蕾舞科,自此,林泱泱就与芭蕾结下了不解之缘。他对芭蕾也是情有独钟,林泱泱说:"芭蕾高雅、优美、抒情,实在太美了,欣赏芭蕾是真正美的艺术享受,让人心旷神怡!我从心底里喜爱芭蕾!"芭蕾确实很美,但要在华丽的舞台上创造美、表现美,却需要芭蕾演员在台下付出十年、几十年的艰苦努力,所以俄罗斯芭蕾大师乌兰诺娃说:"芭蕾是残酷的艺术!"芭蕾演员优雅的舞姿、挺拔的身材、高超的技巧、默契的配合,都是他们汗水、泪水,甚至血水的结晶。每天早晨,芭蕾演员就开始把杆练习,这种把杆功夫的练习是每天都不可或缺的,把杆练习可以使肌肉放松,另外包含着芭蕾舞的一切基本动作,丝毫不可马虎。每天在把杆上做一位擦地、二位下蹲……然后脱把跳跃、空中转圈等,天天重复这些动作,十分枯燥,但这都是基本功，马虎不得，不打好扎实的基本功，将来想在表演和技巧上有所提升，只能是痴人说梦。林泱泱是聪明人，这些道理他心里是清楚的，因此，他练功是很认真刻苦的，绝不偷懒，而且动作规范，故常被教师请出给其他学生示范。林泱泱是幸运的，在他学习芭蕾还剩二年时，学校请来苏联莫斯科大剧院主要演员、芭蕾专家古雪夫教授亲授，同时，请了苏联外国代表性民间舞专家列舍维奇，教授外国代表性民间舞。古雪夫教授的每天基训课非常严苛，一丝不苟，谁要是松懈或有动作不规范，都逃不过他的火眼金睛，他会点你名，把你叫出来，在大家面前反复做一个不规范的动作，直到达到标准为止。除了基训课外，还上排练课，古雪夫教授会依据每个学生的特点，分配节目和角色。林泱泱的特点是外国代表性民间舞跳得好，把握风格十分准确，而且各种技巧比较过硬，但他的弱点是个子较矮，力气较小，托举女演员有些力不从心，无法很好胜任。于是，古雪夫教授安排林泱泱以独舞和外国代表性民间舞为主，当然，双人舞还是要学，因为双人舞是每位芭蕾演员的必修课。双人舞是芭蕾演员抒发感情、塑造人物、展示技巧的主要表演手段，林泱泱也不能例外。古雪夫教授给林泱泱找的舞伴是丁培玲，她个子小，体重较轻，林泱泱托举时也就省力多了。林泱泱和丁培玲相继排练了古典芭蕾舞剧《吉赛尔》一幕、《唐·吉诃德》中的双人舞等。他们也是很刻苦地练双人舞，以达到两人配合默契，受到古雪夫教授的称赞。在毕业前，恰逢新西伯利亚芭蕾舞团来京演出，大家争先恐后观摩，演出结束后，林泱泱在后台等演员卸妆后签名，拿到签名后，飞奔回家。

北京公演纪念照

　　1959年学习结束，林泱泱被分配在北京舞蹈学校附属芭蕾舞团当主要演员。剧团首场公演时演出《天鹅湖》，林泱泱饰演小丑。演出当晚，他早早来到剧场化妆间进行化妆，边化妆边在想：自己从学生变成了演员，从教室走上了舞台，这是人生的一个转折点，梦想终于成真，从此即将开始演艺生涯,作为演员今天是第一次亮相,绝不能在台上出错,但心里确实还不是十分有把握,林泱泱说:"此时的心情似乎喜极不得语,泪尽方一哂。了知不是梦,忽忽心未稳。"演小丑是古雪夫教授钦定的,小丑在剧中虽然不是主要演员,但却是重要角色,在一幕和三幕中均要出场,不仅有独舞,而且要展示大跳、转圈等各种技巧,还要会表演,善于调动观众的情绪,活跃舞剧欢快的气氛。古雪夫教授委以林泱泱重任,是慧眼识英雄。演出开始前,林泱泱早在上场门候场,此时,怦怦跳的心反倒平静下来,待小丑音乐声起,他镇定自如出场,表演充满激情,展示技巧干净利落,赢得观众阵阵掌声,但他似乎什么也没听到。演出结束,古雪夫教授笑着对林泱泱说:"你跳得很好!"得到古雪夫教授的肯定,林泱泱心里当然有说不出的高兴,自己多年的努力总算有了回报。

林泱泱在北京实验芭蕾舞团演出剧照

林泱泱是小丑 A 角,当小丑 B 角演出时,他就参加一幕四人舞及三幕西班牙、玛祖卡等外国代表性民间舞的表演。除了演小丑外,林泱泱还表演古典芭蕾舞剧《吉赛尔》一幕、《唐·吉诃德》三幕中的双人舞等。《吉赛尔》被誉为"芭蕾之冠",它在芭蕾史上的主要功绩在于第一次使芭蕾的女主角同时面临表演技能和舞蹈技巧两个方面的严峻挑战,所以常被人们认为是"舞剧的哈姆雷特"。一幕中的双人舞是表现吉赛尔与隐满身份的阿尔伯特公爵在充满田园诗情画意的场景中,相识相爱的欢快情景。舞剧《唐·吉诃德》,表现小旅馆老板女儿、俊美娟秀的基特莉,与年轻勇敢的理发师冲破重重阻碍,终成眷属的故事。三幕中的双人舞,则表现两位年轻人成婚的喜庆。这一段双人舞被称为《婚礼》双人舞,它是现有古典芭蕾中舞技卓绝、最辉煌、最乐于为人们欣赏的舞段之一,已成为国际芭蕾比赛的规定剧目。两位演员,既各自表演高难度的技巧,又要相互配合默契,林泱泱和丁培玲的表演可谓是水乳交融,深得大家好评。当时,学校领导考虑要把林泱泱留校执教,认为他当教师很出色。这个想法尚未与林泱泱交流,一声调令,却把林泱泱调到上海。

林泱泱表演的古典芭蕾

◆ 豪华落尽是真淳 ⚫ 艺术评传 ◆

第三章

教师生涯

　　我是和吕长立、郑一琳、丁培玲一起由北京调来上海市舞蹈学校的。我带着到上海芭蕾舞台上大显身手的梦来到舞校。当时说：三年后要在上海建立芭蕾舞团，先培养一批三年制的群舞演员……然而，随着对艺术科学规律的认识，三年改成六年，梦也随之延缓了、推迟了。但是为芭蕾舞事业无私奉献的热情丝毫没有减弱，只是它移位到了教学和练功房中。

　　每天清早赶在学生吃早饭前在饭厅里练功，成为我们的乐事。不管前一天有多累，都把我们的快乐和热情宣泄到练功房中。每每有学生或行政人员到饭厅来吃饭，都会被我们在几十条简易的大木板拼成的临时教室里腾飞旋转的技艺所叹服，为我们的热情而感染。为人民服务的传统教育，从苏联教师那学来的扎实的功底，年轻的不衰竭的热情、旺盛的精力构成了上海舞校第一批强有力的师资队伍的品格。

　　我没能一直在舞台上参加表演，但我很爱我的学生，我从事芭蕾四十几年了啊。有人说舞蹈是青春的事业。是的，所以我教授学生，我带新苗子，我的青春就不断地延续下去，由我的学生去尽情舞蹈，用他们的足尖和肢体去表现生活。"人才自古要养成，放使干霄战风雨。"

——林泱泱

　　在周恩来总理和中共上海市委的关心和支持下，1959年12月22日，上海市舞蹈学校筹备小组写了一份"上海市舞蹈学校筹建规划和招生工作计划"报送中共上海市委宣传部，1960年1月23日中共上海市委宣传部批复同意。首先考虑校址问题。在市区到处选址，适逢上海新城区和江宁区合并成立静安区，上海石门一路333号原新城区政府办公楼人去楼空。这是一幢带有副楼的三层办公大楼,每层拥有五间较大房间,可作为业务练功房和文化课教室,大院里还有三幢石库门房,作为办公室和教师宿舍,一幢三层长条楼房,可作为学生宿舍和行政后勤办公室,会议大厅又可兼作食堂,办校的各种条件均具备。

其次,是校长的人选问题。中共上海市委文教书记石西民向正在上海开会的中共中央宣传部部长陆定一汇报此事。陆定一同志建议在延安曾担任过西北文工团党支部书记、长期从事党的新闻广播事业、时任上海对外友好交流协会驻会常务副秘书长的李慕琳出任校长。李慕琳同志1937年参加革命工作,1938年加入中国共产党,同年8月到达延安。在陕北公学任政治处干事,并在延安新华广播电台恢复播音后任第一位国语广播员,中华人民共和国成立后从事全国妇联和外事工作。她以睿智坚韧、踏实高效和务实精干而著称。中共上海市委同意陆定一同志建议,由此,李慕琳成为上海市舞蹈学校第一任校长。李校长提议,应聘一位资深的芭蕾艺术家担任业务副校长,有关领导一致推荐胡蓉蓉同志出任。胡蓉蓉同志出身文艺世家,她5岁开始学习舞蹈,后进侨居上海的俄国芭蕾舞教师索考尔斯基创办的芭蕾舞学校达十年之久,并参加索考尔斯基任艺术总监的芭蕾舞团进行实习演出,曾在二十余部芭蕾舞剧中演出群舞、领舞、独舞等。她幼年时还拍过多部电影,在《四美图》中表演过精湛的芭蕾舞,在夏衍编剧的电影《压岁钱》中表演过踢踏舞,是名闻遐迩的童星。她既有扎实的芭蕾基础,又有丰富的舞台实践,而且时任上海戏剧学院形体课教师达十余年,让她当副校长,主管教学,并亲自带班教授芭蕾课和排练课,是最合适的人选。

再则,是教师和教材的问题。1959年岁末,李校长亲赴北京舞蹈学校请求支援。北京舞蹈学校已有5年办学经验,时任校长陈锦清又是李校长在延安时期的亲密战友,会面时,两位战友紧紧拥抱在一起,千言万语,都在无声中表达。陈校长对李校长的要求二话不说,一口应允,并热情地向李校长逐一介绍第一批支援上海的七位老师的情况,他们在教学、芭蕾、基训、双人舞、代表性舞蹈、民科、古典基训、民间舞等学科中具有丰富的教学经验,有的还独树一帜。陈校长还把学校的教学方案和教材,一并无偿交给李校长。同时,准备派专人为上海培训传授制作芭蕾舞足尖鞋、软底鞋等技艺,并提供学校基建图纸,几乎是和盘托出,毫无保留。一股暖流涌上李校长心头,一对亲如手足的姐妹,将携手共创舞蹈事业的新天地。1960年2月初,李校长亲自赴北京,把第一批七位教师接回上海。3月17日下午2时,在上海石门一路333号临时校址,召开上海市舞蹈学校成立大会暨开学典礼,从此,上海有了培养舞蹈人才的专业学校,人们亲切地称她为"上海舞蹈家的摇篮"。

按照上海市舞蹈学校的规划,聘请一到两位苏联芭蕾专家来校指导。1960年4月21日,在北京舞校工作的苏联芭蕾专家古雪夫教授到上海舞校参观访问,学校领导很重视,由副校长胡蓉蓉、周志勇,教务室主任陈明,芭科主任孔令璋,芭科教研组长组成接待组,安排专家观看芭科和民科的基训课。专家为芭甲班男同学的基训课做了示范,帮同学纠正了一些基训动作,还观看了芭科排练课,对芭科增设毯子功课特别感兴趣,他热情称赞芭科增设毯子功课,增强了芭蕾的力度、气势和表现力,并对毯子功老师秦延庆、周小亭的教学予以充分肯定。古雪夫教授短短三天的访问,给师生们留下了良好的印象,他们期盼着苏联芭蕾专家早日来校上课。但由于中苏两国关系紧张,苏联单方面撕毁协议,撤走了全部苏联专家,美好的希望未能如愿。好在,北京舞蹈学校派出了第二批支援上海的业务骨干,林泱泱正是作为骨干之一,于1960年8月来到上海。

北京舞蹈学校毕业后,林泱泱原定留校当老师,当校长陈锦清征求林泱泱"是否愿意到上海市舞蹈学校执教"时,他似乎不加思索地回答:"愿意。"林泱泱心里想的是,当教师、当艺术家都是自己自幼的梦想,现在这两个梦想均可实现,而且两个梦想集于一身,这是多么美好的事情。林泱泱说:"如果我不调到上海,就失去了参与上海芭蕾舞团建设和发展的机会,上海这块宝地为我创造了一个实践的良好空间。"同时调往上海工作的教师,除了林泱泱,还有丁培玲、郑一琳、吕长立。

当林泱泱把这个消息告诉父母亲时,他们也十分支持。但母亲担忧林泱泱从小一直在自己身边,从未离开过,能否独立生活?在上海举目无亲,又不大会做家务,他要自己照顾自己,肯定会很辛苦,心里总是舍不得他离开北京。父亲却说:"泱泱已长大成人,完全应该独立生活,吃点苦,这对他也是一种锤炼。苍松翠柏一定要经历风风雨雨,从来好事天生俭,自古瓜儿苦后甜。"临别那个晚上,月朗星稀,母亲拉着林泱泱的手送到家门口,再三叮嘱:"父母亲不在身边,一定要照顾好自己。"林泱泱除了反复说"请母亲放心",其他不知说什么好。父亲帮林泱泱拎着行李,一直送到北京火车站。路上父亲言语不多,只是强调要为人师表。待林泱泱进了月台,父亲站在月台口,目送着林泱泱登上火车。火车鸣笛慢慢启动,林泱泱向始终站在月台口的父亲挥手,父亲的身影渐渐模糊,林泱泱不禁一阵阵心酸,潸然泪下。正是"离人无语月无声,明月有光人有情"。翌日下午,林泱泱等一行四人抵达上海后,直奔石门一路333号临时校舍,一起向李慕琳校长报到。李校长热情地欢迎四位老师支援上海市舞蹈学校,并向大家介绍了舞校的招生、开学以及筹建新校址的情况。

1960年,国家正处于三年困难时期,物资特别匮乏,生活条件很差。临时校舍所有办学设备均是从上海有关单位的仓库、办公室里无价调拨,学生的双人床、教师的单人床、文化课所用的课桌椅、教师的办公桌椅都是五花八门,甚至有的还需修理。林泱泱早有思想准备,见此情景,暗自一笑了之。当时,择优录取学生80名,其中芭蕾舞科41名、民族舞科39名。由于招生名额未满,开学后继续进行招生工作。一个月后,实际招收学生115名,芭科65名、民科50名。林泱泱被分配在芭科乙班任教,1960年国庆后开始上课。离上课还有一个多月的时间,林泱泱把自己关在宿舍认真备课,没有闲情逸致去逛市区。他深知第一次给学生上课,是一次重要的亮相,一定要给学生一个良好印象,因此,他聚精会神写教材,还经常去练功房,对着镜子做动作,看看是否规范,同时,请丁培玲等老师指出自己的不足。

国庆后,林泱泱开始上课了。那天,他起得特别早,在宿舍里活动筋骨,为上课示范作些准备。过去在舞台上是演员,如今在练功房是教师,这是角色的转换。练功房也是舞台,是实现人生价值的舞台,正如父亲所说:"要为人师表,更应严格要求自己。好事尽从难处得,青年无向易中轻。"当林泱泱踏进练功房的一瞬间,不免有些紧张,这毕竟是第一次上课,学生数十双眼睛齐刷刷看着自己。但他很快镇定下来,先请学生做把杆动作,林泱泱示范一招一式,然后学生随着音乐依样画瓢。半小时后,开始做脱把杆动作,大跳、旋转等,林泱泱均一一做示范,接着学生三人或五人一组跟着做。有个别学生做得不规范或偷懒,林泱泱会请他站在练功房中间重复做一遍,如仍不规范,林泱泱会亲自再示范一遍,然后请学生重新做一遍。他像古雪夫教授严格要求自己一样去严格要求学生,他对学生说:"练基本功像造房子一样,基础打得越牢,房子可以造得越好、越高。所以大家一定要认真对待练功,绝对不能马马虎虎。"有的学生练功很卖力,动作也规范,他就请这位学生单独表演一遍,既鼓励这位学生,又号召大家向这位学生学习,这样做收到意想不到的效果。有的学生很自觉,空闲时,还会到练功房练功,林泱泱获悉后,也就主动去练功房为学生指导。他把爱全部倾注在学生身

豪华落尽是真淳 艺术评传

上，林泱泱说："作为教师，首先要爱学生，爱舞蹈事业，才能竭尽全力培养人才。"古雪夫教授曾经说："芭蕾是一门技术性很强的艺术，它像一座山，只有付出艰辛的劳动，不断地努力攀登，才能登上一个又一个高峰，因此，必须从小培养学生一丝不苟的精神。"林泱泱正是按照古雪夫教授的话去做的。

林泱泱与父母亲合影

有空时，林泱泱还会去其他练功房看别的老师上课，以取长补短。胡蓉蓉老师严肃认真的教学态度和独特出众的教学水平，是无人不叹服的。胡老师非常重视基训课，大家一致公认她训练的学生脚尖能力强。胡老师注重教学相长，强调因材施教，根据学生不同的特点进行训练，不仅要求学生苦练，而且要求巧练，要善于动脑子，不愧是一位善于启发、引导学生自觉学习的教育家。林泱泱虚心好学，确实从胡蓉蓉老师身上学了不少好思想、好方法，并在自己的教学实践中不断尝试，取得很好的效果。

临时校址毕竟不是长久之计，好在中共上海市委领导对新校址的选定很重视，多次开会研究，实地考察。最后市委书记陈丕显同志认为虹桥路 1674 号作为新校址很好，离市区有一段距离，但不远，环境幽静，有几幢小洋房可利用，办舞蹈学校很合适。至此，新校址确定下来。

1960 年正值三年困难时期的第一年，许多建筑项目纷纷下马停工，只有舞蹈学校新建两幢大楼的工程却日夜赶工、紧锣密鼓地进行着。在校舍基建施工过程中，市委宣传部、市文化局发动报社、电台、各协会、局单位、剧团、剧场等领导及职工,相继参加义务劳动,为新舞校建设添砖加瓦。上海舞校第一届春秋季班 120 位同学经常在星期天佩戴着红领巾,在老师的带领下,从静安寺步行到西郊,用勤劳的双手建设自己的家园。林泱泱与学生们一样,不怕苦、不怕累,汗水如雨,滴滴洒在这片热土。这是大家实现艺术梦的地方,一只只洁白的天鹅,将从这里起飞,因此,大家劳动得不亦乐乎!

林泱泱与父母、弟弟在上海留影纪念

1961 年 11 月 19 日至 23 日,舞校从石门路 333 号搬迁至新校舍,广大师生兴高采烈,积极参加搬家劳动。到了西郊新校舍,大家感到十分亲切,两幢宽敞明亮的业务大楼和文化楼,耸立在绿色的林荫花坛之中,四周还栽着紫荆花、桂花、石榴、枇杷、葡萄及四季盛开的鲜花。大楼门前还栽种香樟、雪松、水杉、白玉兰。大家看在眼里,喜在心里,因为大楼的建造师生们出过力、流过汗,而这些鲜花,则是师生们在花师傅的指导下,播撒过种子、浇过水,目睹自己亲手栽下的树木郁郁葱葱、枝盛叶茂,鲜花姹紫嫣红、五彩缤纷,心里真是乐开了花!学校领导对培养学生热爱劳动的观念非常重视,学校占地 64 亩,其中三分之一是可耕地,于是,决定充分利用这些可耕地,既可让师生参加义务劳动,养成劳动习惯;又可丰富师生的业余生活,如种些蔬菜、瓜果和粮食等农作物,还可改善师生的伙食。说干就干,在校园西北角栽种 100 多棵桃树,东北角种植一片草莓地,红绿相间,煞是好看。校领导决定,各班级分工包干。

　　林泱泱从小娇生惯养，母亲从来没要求他做任何家务劳动，于是，无形中有了一种惰性。现在校领导很强调劳动观念，为人师表的林泱泱当然很理解其中的内涵，为此，凡有什么劳动，他都卷起袖子，带头参加，也是对自己惰性的一种克服。清晨，林泱泱有空就去田里浇水、施肥，傍晚就去田里锄草、松土，真有点"晨兴理荒秽，带月荷锄归"的感觉。有时，也去田里散步，看看粮食和蔬菜瓜果的长势，不知怎的，心里会升腾起莫名的喜悦。学生们也是三五成群地在菜地里劳作或戏耍，林泱泱眼前呈现的是一幅"少年急走追黄蝶，飞入菜花无处寻"的景致，也许，这是劳动带来的无声乐趣吧，林泱泱已把劳动视作不可或缺的生活的重要组成部分。一次，白天师生们抢收完的小麦晒在草场上，半夜突然下起倾盆大雨，哗哗的雨声就是命令，师生们急忙起床，林泱泱也一骨碌从床上跳下来，参与抢救。片刻，小麦全部收到室内，林泱泱淋得像落汤鸡，但心里却是甜滋滋的，"谁知盘中餐，粒粒皆辛苦"。

　　1963年初夏的一天，万里无云，校园的水泥地上铺晒着虹桥公社生产队的油菜秸。下午3时左右，天空突然黑压压一片，雷声隆隆，一场暴雨从天而降，急得两位看管的农民双脚跳，眼看今年的丰收将化作乌有。正在他俩急得团团转时，舞校的师生们从教室排练厅、从阅览室、从宿舍里，四面八方急奔而来，林泱泱也闻风而动，急用双手抱起油菜秸，把它们堆放在业务大楼的走道上。几个来回下来，上万斤的油菜秸抢收完毕，师生们浑身湿透，但谁也没有怨言。事后，生产队送来了感谢信，称赞学生们为"人民的好学生，使生产队免受一次财产损失"。

　　1963年11月18日，舞校师生第一次走出校门，林泱泱也随大家一起到嘉定县江桥公社丰庄大队劳动。这也是林泱泱人生第一次到农村劳动，他和学生们一样不怕累，不怕脏，汗滴禾下土，并抓住机会，访贫问苦，接受教育。临别时学生们还与农民联欢，表演了民间舞，农村老大娘还为师生们唱了山歌，农村里的老老小小，几乎倾巢而出，把表演场地围得水泄不通。林泱泱深有感触地说："以后应该多到农村演出，因为农民更需要文化生活。"

　　1964年7月，林泱泱随芭科男同学到江湾机场当"兵"，每天清晨到停机坪和地勤部队机械师一起，为起落的飞机擦洗机身、机翼、机关炮筒，顶着40℃高温的炎阳，唯一能躲太阳的只有在机翼下面，但谁也没有去躲。三个星期后，每个人身上都像涂了一层紫铜色的油彩。可是谁也没有叫苦。

1965 年 1 月,林泱泱随芭科师生到奉贤护海大队劳动,一天傍晚,住地一位邻居产妇,刚产小婴儿两天,突然发高烧 38.8℃,急需送医院,而住地离奉贤县城医院有十多里路程,天寒地冻,又没有交通工具,无法去县城医院医治。眼看这位产妇生命危在旦夕,大家都焦急万分,又束手无策。当时,教务室副主任钱震华忽然想起了医科大学里的同学袁耀荨,时任上海妇产科医院院长,匆忙奔到大队部,打起了手摇的电话机,将病情告知袁院长,询问解救办法与用药名称、剂量,每天打针次数等。此时天色已晚,决定派人连夜赶到城里去购药,芭科乙班林泱泱的学生朱国良、徐明刚挺身而出,四周漆黑一片,他们拿了两只手电筒,冒着凛冽的寒风,奔走在田间的小路上,终于敲开城里紧闭的药店门,购得所需药物,连奔带跑,来回三十多里路,回到住地已是半夜时分了,连夜由随队护士程惠芳给产妇打针吃药。经过精心护理,产妇转危为安,不久就康复了。这个消息像只小鸟飞进百家农户,农民们纷纷赞扬舞校学生是活雷锋。林泱泱也看到了学生的闪光点,老师也应该向学生学习,这促使林泱泱更加热爱自己的学生,要更尽心尽力地培养他们成材。

"一切为了教学"的口号是李慕琳校长提出的,这就是说教学是学校的中心工作。首要任务是制定教学大纲。原定芭科学制是三年,通过边实践、边充实、边修改,最后改为六年制。教学上要走自己的路,就要根据自身的特点,要研究和建立上海舞校的教学风格。林泱泱提出芭蕾能否在它原有的基础上,减少些繁琐的动作?或许能更快地培养出小天鹅来。有民科老师提出,上海有那么多"传"字辈的京、昆名家,古典舞能否从戏曲舞蹈中吸收些精华?语文课能不能编写出适合舞校学生的教材?大家各抒己见,有时争得面红耳赤,但理越辩越明,情越结越深,共同目的是搞好教学。学校很重视吸收和借鉴外来力量,充实和加强学校的教学。

建校第一年,邀请享誉世界的芭蕾大师、古巴的芭蕾专家阿里西亚·阿龙索到校上课,指导教学。还相继邀请了方传芸、张美娟、戴爱莲、贾作光等国内专家来上课。如著名昆曲前辈方传芸先生总是骑着一辆破旧的自行车来到舞校,他在练功房里,从身段组合到刀枪把子,嘴里念着锣鼓点子,一招一式地示范传授技艺。著名京剧演员张美娟也到舞校为教师授课,她结合一些剧目,细致地讲解人物塑造、动作要领与手眼身法步的艺术规律。林泱泱从传统艺术中进一步领略到中国古典舞的真谛,汲取了民族文化的丰富养料。作为一种探索,林泱泱等芭科教师对学生进行毯子功和中国民间舞训练,得到了行家的肯定,苏联芭蕾专家古雪夫就称赞这种积极探索"使芭蕾有了鲜明的中国特色"。学校还请白淑湘、陈爱莲等著名演员给学生现身说法。这一切使舞校教学兼收并蓄,形成了独特的风格,走出了自己的路。

林泱泱赞誉红烛,因为它具有燃尽自己而照亮别人的高尚品质,林泱泱想做润物无声、默默奉献自己光和热的红烛。林泱泱说:"每天清早赶在学生吃早饭前在饭厅里练功,成为我的乐事,不管前一天有多累,都把我们的快乐和热情宣泄到练功房中。每每有学生或行政人员到饭厅来吃饭,都会被我们在几十条简易的大木板拼成的临时教室里腾飞旋转的技艺所叹服,为我们的热情而感染;8时要给学生上课,来不及吃早饭即继续上课;周一、三、五上专业课;周二、四、六上排练课,一周没有休息时间。晚上有时又要去看演出,真不知哪来那么大的劲!"林泱泱把对学生的爱化作对学生的严格要求,这种严格不是表现在板起面孔,凶神恶煞般训斥学生,让学生担惊受怕,事实上,他待学生十分真诚,平时脸上总是笑容可掬,从不骂学生,从不发脾气,师生关系很是融洽。有时学生与他开玩笑说:"林老师,今天上课我们表现很好吧!"林泱泱脱口而出说:"好个屁!"学生说:"这算是林老师批评我们时最严重的话了。"林泱泱的严格体现在要求学生对待专业严谨的艺术作风上,谁的动作不规范,谁的练功弄虚作假、不卖力,他就当众要求你重复多次做,直到达标,其他学生都看着你做,让你自己也感到不好意思。这个办法倒是很有效,个别学生慢慢就变得老实了,再也不敢偷懒了。

林泱泱说:"每个教师都很爱学生,可以说学生成了教师的一部分。为了学生长功,我们可以早自习、晚自习,尽心尽力辅导。每逢考试,如同考教师自己。那天早上,我总是早早起来催促学生起床,检查每位学生的练功鞋、袜,甚至准备好糖水、奶粉,希冀学生在考试时能发挥出水平。在教研组评比考试成绩时,大家态度极其认真、严肃,有种近乎神圣的气氛。老教师特别严格,往往会在你防不胜防时将你一军,我们年轻的好胜心强,也常顶上几句,但每次总是输,就从这一次次的输中学会本领,增长了才干。严格的教学与严格的管理制度和纪律,有力地保证教学并发挥出优势。我期待上海舞校一代比一代早出人才,期待着青出于蓝而胜于蓝。"作为一位教师,谁不想"几年辛苦一枝桂,二月艳阳千树花"。

林泱泱对学生的爱,还表现在对学生无微不至的关心和爱护上。当年,国家处在困难时期,食品供应很紧张,吃肉凭肉票。林泱泱心想:学生正是长身体的时候。就把肉票省下来给学生,让他们多吃点肉。如果逢上吃鱼,林泱泱就选鱼头吃,把鱼的中段留给学生吃。还与他们一起吃生煎,帮学生捉虱子、理发等,老师和学生融为一体。林泱泱说:"上课时是师生关系,下课时大家就是朋友了,像一家人似的和睦相处。"休息日,林泱泱还会去学生家进行家访,因此,家长和学生们很是敬重他。他的爱人尉祥云,就是学生家长和学生牵线搭桥的。林泱泱的学生张源源家紧邻锦江饭店,林泱泱去他家几次走访时,张源源的母亲感到林泱泱一表人才,忠厚老实,就想帮他介绍女朋友。正巧,张源源的邻居是尉祥云的姨妈,姨妈受尉祥云母亲之托,要帮她找男朋友。张源源母亲征求张源源的意见,张源源说:"林老师人很好。"于是着力促成这门亲事。林泱泱与尉祥云谈了两年恋爱,情投意合,于1970年1月1日结成连理,后育有两子,生活其乐融融,在舞校传为美谈。林泱泱记得父亲多次说过:"平生不做皱眉事,世上应无切齿人。做人一定要坦坦荡荡,光明磊落。"不过,个别调皮的学生,有时也会戏弄他,与他开玩笑,但从未有人与他发生争吵。

林泱泱与爱人尉祥云

李慕琳校长及广大老师有一个共识,那就是"艺术教学最终产品是人才,艺术作品是人才培养的载体"。因此通过课堂教学、艺术创作、节目排练、舞台实践锻炼和培养学生表演技能,使他们尽快成长。芭科学生从二年级开始即排练古典芭蕾舞剧《天鹅湖》第二幕等,民科学生则排练《牧羊女》《草笠舞》等。除了排练优秀节目外,还发动老师进行创作。当时,芭科成立了以胡蓉蓉副校长为主、傅艾棣老师为助理的《白毛女》剧组,以祝士方、林泱泱为主的《包身工》剧组;民科成立了以陈明、杨威、方元、朱苹为主的民族舞剧《镰刀》剧组,以刘振学、李晓筠、方元、俞惠麟为主的民族舞剧《红军不怕远征难》(长征组舞)剧组。

上海市舞蹈学校创办第二年,1961 年 7 月 20 日至 22 日,假上海市政府礼堂举行首次师生实习汇报演出,此次内部演出节目正是芭科和民科平时排练的节目,即《天鹅湖》二幕、民族舞《牧羊女》等。学生们第一次在大剧场演出,他们没有胆怯,表演很认真努力,尽管很稚嫩,但却很可爱,受到文艺界同行及工农兵代表的肯定和赞美。于是,校领导决定:1962 年 5 月 26 日至 6 月 4 日,参加在上海市政府礼堂举行的第三届"上海之春"演出并正式对外实习公演,而且连演 11 场。此次公演,夜场上座率为 100%,两个早场演出上座率达 90% 以上,在上海引起不小的轰动。

林泱泱一家四口

当时,演出节目单中写着这么一段"前言":"上海市舞蹈学校师生实习演出,今天第一次和广大观众见面了。上海市舞蹈学校是 1960 年春天创办起来的,同年 3 月和 9 月,招收了两批学生,分别在芭蕾舞科和民族舞科进行专业的基本训练和文化课学习。在党的教育方针的指导下,全面细致地安排了教学、训练、生产劳动等活动。在党的英明领导和无微不至的关怀下,在教师们的辛勤教导下,学生们逐渐地成长起来。通过两年来严格的基本训练,不但基本功有了一定的基础,并且在文化方面,也已基本上达到同等学校的水平。在排练上,芭蕾舞科和民族舞科的学生们,前后排练了中外十余个优秀的节目。去年,我们曾经向党作了第一次的实习汇报演出,获得了一些初步的成绩。舞蹈事业还很年轻,舞蹈教学,更是一个新的工作,我们对此缺少经验。为了检查以往的教学工作,我们决定向观众作第一次师生实习汇报演出,希望通过演出,能得到广大观众热情的帮助和指教,从而进一步提高教学质量,让这些芭蕾舞和民族舞的新芽,更快地茁壮长大起来,开出灿烂的花朵。"

实习汇报演出，芭蕾舞节目有《天鹅湖》第二幕、《唐·吉诃德》双人舞等；民族舞节目有独幕舞剧《不朽的战士》《少年爱国者》及《牧羊女》等。林泱泱表演的节目正是他的拿手节目：《唐·吉诃德》中《婚礼》双人舞，舞伴仍是老搭档丁培玲，是晚会唯一一对双人舞演出，因而格外引人瞩目。这个双人舞一般演员往往是望而却步的，因为要求男女演员既要擅长表演，又要展现各种高难技巧，还要求两人配合默契。如要求女演员表演单腿转 32 次，在没有男演员扶持下，要连续 3 次单足尖站立等，男演员则要求表演空中转、旁腿转、大跳以及单臂托举女演员等，而且这些技巧要一气呵成，难度可想而知，对演员的体力也是一个挑战。丁培玲、林泱泱的表演非常出色，两人配合水乳交融，剧场里响起暴风雨般的掌声。

学校领导要求广大师生"进入舞台，犹如战士进入战场一样"，以满腔热情投入到演出中去。剧场后台每天都出黑板报，表扬好人好事，把政治思想工作做到后台去。师生们除完成自己的演出任务外，还安排在舞美道具组、化妆组等协助做好各种准备和整理工作。林泱泱和其他老师学生都积极参加装台和拆台装箱工作，演出结束时，每天都把舞台和后台化妆间打扫得干干净净，受到剧场的高度赞扬。以后出国演出时，依然延续了这种优良作风，对此，外国朋友赞不绝口。

1963 年 6 月 28 日至 7 月中旬，舞校师生第三次实习演出，芭蕾节目不变，民族舞科增排了新节目，如《巧姑娘》《养猪姑娘》《东海女民兵》等。在市政府礼堂演出 9 场后，为满足观众要求，又到沪东工人文化宫公演 4 场。7 月 3 日，上海电视台转播演出实况，扩大了舞校的影响。此外，学生还参加市里的大型演出活动。1964 年 5 月 23 日，芭科学生除首次演出小型芭蕾舞剧《白毛女》外，还和民科学生参加了第五届"上海之春"在文化广场的开幕演出——音乐舞蹈史诗《在毛泽东旗帜下高歌猛进》首演。7 月 13 日，周恩来总理、陈毅同志观看了演出，并接见了演员，给予高度评价。

舞校学生们的多次实践演出活动，让他们在舞台上崭露头角，散发出青春的活力和美丽的芬芳。历经六个春秋，1966 年，上海培养的第一代芭蕾舞演员诞生了，当然包括林泱泱执教的乙班学生，而林泱泱培养的乙班学生中，最杰出的代表是一级演员欧阳云鹏。他艺术造诣深厚，技巧全面出众，表演朴实无华，上海舞校毕业后，成为芭蕾舞剧《白毛女》剧组演员。1978 年，上海芭蕾舞团成立，他任主要演员，在芭蕾舞剧《白毛女》《苗山风云》、独幕舞剧《魂》《伤逝》及古典芭蕾舞剧《天鹅湖》《关不住的女儿》等剧中任主演;在芭蕾舞剧《红色娘子军》《玫瑰》《阿里巴巴与四十大盗》《罗密欧与朱丽叶》等剧中饰演重要角色;参演的芭蕾节目有《青松赞》《霸王别姬》《曲调》等。1981年8月,于上海展览中心友谊会堂举办"石钟琴、欧阳云鹏舞蹈晚会",两位舞蹈家举行专场演出,是他们从艺二十余年的初次尝试,在全国尚属首创。他俩一共表演了7个风格迥异、各具特色的独舞和双人舞,如《黑天鹅》《白毛女》《魂》等双人舞。芭蕾舞中男演员的独舞是很少的,林泱泱特地为欧阳云鹏编排了独舞《随想曲》,运用抽象寓意的手法,吸收现代舞的一些语汇,表现对光明的追求和赞扬,对黑暗的痛恨和鞭挞,从而寄托对祖国的深情和希望。欧阳云鹏的表演刚柔相济,疾徐有致。晚会引起强烈反响和广泛好评。

林泱泱还在上海《文汇报》写了评论文章,认为:"欧阳云鹏的舞艺进步很快,他兴趣广泛,既演正面人物,也演反派。导演经常会看中他,而且各种类型的女演员都乐意邀他合舞。石钟琴的勤奋好学、坚忍不拔的精神是令人钦佩的。《天鹅之死》她演了不知多少回,但每次演出她始终保持着新鲜感。她着力表现天鹅受伤后,怜爱双翅,不断整理羽毛、舔着伤口,急迫地向往着能够自由飞翔的心情,使之同天鹅临死前,头已贴着地,却还回头最后望一眼天空,无力地挥动着已经僵化了的翅膀,进行强烈的对比,以表现天鹅对生活的无限眷恋。她演《黑天鹅》双人舞,无论是旋转、弹跳,都加以精心雕琢。一出场就以火一样的热情诱惑王子,从眼神中透露出奸诈和狡猾,艺术地处理舞蹈的起伏和情绪的转换,把黑天鹅的性格刻画得栩栩如生。""晚会是他们艺术生活中新的转折点,愿他们不断形成自己的风格,积累拿手好戏,为祖国芭蕾舞的繁荣发展做出贡献。"

乙班的另一位代表人物是张源源,他身高魁伟,基本功扎实,双人舞也很突出。1982年在华东六省一市舞蹈会演中,与汤苏苏表演创作双人舞节目《两重奏》,荣获表演三等奖,是老演员中在全国和地区舞蹈比赛中唯一获奖者。但因张源源的面孔酷似"洋人",在"文革"极"左"思潮影响下,无缘在民族芭蕾舞剧中饰演主角,于是与主角擦肩而过,留下遗憾。

第四章

涉足创作

在表演古典芭蕾的同时，不断创作新作品，芭蕾才会永远充满青春活力，因而重视创作、敢于创作是世界芭蕾舞界最迫切的一个任务，这既是芭蕾发展的需要，又是观众欣赏的需要。

在创作中国芭蕾舞剧时，对"民族性""当代性"的双重追求，表现中国当代的故事内容，必须要到生活中去体察中国人的生活逻辑与心理逻辑、思想感情、风土人情，在舞蹈语言上要从民族民间舞中吸取养料，追求一种听觉、视觉以及感官的整体感受，以展现艺术层面的升华。

"看似寻常最奇崛，成如容易却艰辛。"如今，在中国不仅有芭蕾，而且有属于中国自己的芭蕾，继承古典芭蕾传统，坚持芭蕾民族化道路，这就是我们不断追求的目标。

——林泱泱

林泱泱在教学、培养人才之余，还涉足创作，积极参与大、中、小型芭蕾节目，自 1964 年始，参与创作的大型芭蕾舞剧有《白毛女》《苗山风云》《玫瑰》；独立创作的独幕芭蕾舞剧有《桃花潭》，独舞、双人舞有《随想曲》《青梅竹马》《光之恋》《鹿回头》《沉思》《凤凰》等。这些节目不仅在全国和华东六省一市舞蹈比赛中获奖，而且频频在国内外演出，其中不少双人舞成为上海芭蕾舞团演员参加国际芭蕾比赛的参赛节目。

林泱泱参与创作的舞剧中，最成功、最有影响的非《白毛女》莫属。《白毛女》创作历经三个阶段，第一阶段是创作半小时左右的小型片断演出，由时任上海市舞蹈学校副校长胡蓉蓉提出作为教学剧目。因舞校成立之初，芭科的教材均照搬北京舞校的，即苏联瓦岗诺娃的教材，学生实习的剧目也都是苏联的。作为舞校芭蕾教材的负责人，胡蓉蓉敏锐地感觉到，如果学生学习排练的都是外国剧目,没有中国剧目的锤练,这将不利于培养一支有中国特色的演员队伍,不利于建立富有中国风格的上海芭蕾舞团。1963年底,胡蓉蓉对中央发出的"文艺要革命化、民族化、群众化"的号召反复自问,芭蕾如何反映中国题材,如何闯出一条芭蕾民族化的新路? 上世纪50年代初,胡老师曾在上海观摩过歌剧和电影《白毛女》,传奇而感人的故事,优美而动听的音乐,给年轻的胡老师留下难以忘怀的印象,于是,她向李慕琳校长提议,把《白毛女》剧中白毛女从山上下来的情节编成一段独舞,给三年级学生作为实习课排练。李校长一听喜上眉梢,立即拍板。有了独舞的初步尝试,胡老师又自然而然地想把独舞片断发展成小型芭蕾舞剧,因《白毛女》下山之后来到奶奶庙,庙里正好有一定的故事情节,可以用舞蹈形式呈现。学校领导决定小型《白毛女》由胡蓉蓉任编导,傅艾棣任编导助理,中国福利会儿童艺术剧院著名作曲家严金萱为舞剧编曲。1964年6月4日,小型《白毛女》正式参加"上海之春"演出,在上海儿童艺术剧院连演3场,1000人座位场场爆满,受到观众的广泛认可。经过3个多月的创作排练,1964年9月27日始,由舞校五年级芭科学生实习演出的中型舞剧《白毛女》在徐汇剧场连演10场,也是场场爆满,10月1日,还参加了国庆十五周年的献礼演出,深受各方好评,于是学校决定把中型扩展为大型舞剧,林泱泱正是在这个阶段进入编导组的。

林泱泱在撰写的《培育明珠 光鲜依存》一文中写道:"1964年11月,上海市舞蹈学校根据胡蓉蓉副校长和傅艾棣老师已创作成功的小型《白毛女》决定扩展为大型芭蕾舞剧《白毛女》,我和程代辉老师被委派参加编导组。时年我25岁,来到上海舞校从事教学也仅仅四年,能获取这样难得的机会和资深前辈胡蓉蓉老师学习实在幸运。原来我在北京舞蹈学校学习毕业时,就定下留校当老师。1960年上海舞校建校时,我与吕长立等四位毕业生被第二批调到上海,上海这块宝地为我创造了一个获得实践的良好空间。"

从独舞片断到小型、大型舞剧的创作,这是一个很大的跨越,不但要具备熟练运用芭蕾技巧的能力,还要懂得舞蹈和音乐之间的融合,更要把控戏剧处理和角色塑造的能力,无疑是个巨大的挑战。好在四个编导各有千秋,充分扬己之长、相互配合。胡蓉蓉出生在一个艺术世家。她5岁开始学舞蹈,后进索考尔斯基芭蕾舞学校学习达十余年。曾在不同舞剧中饰演过各种不同性格的角色,舞台实践多,在上海戏剧学院十年,专上形体课,还向昆曲表演艺术家方传芸学习昆曲,在上海戏剧学院一次院庆中还登台表演过《花木兰》中的趟马。这为她在舞剧创作中融合中西舞蹈打下了扎实的基础,也为她得心应手的戏剧处理和角色创作提供宝贵的经验。1934年出生的傅艾棣从小能歌善舞,建国前就受到中共党组织的关心,参加了各种演出。1950年,参加了新安旅行团,接受专业舞蹈培训,成为团里的舞蹈演员。之后,傅艾棣又进入上海歌剧院,并于1954年作为剧院舞蹈队的尖子生被保送到北京舞蹈学校学习两年芭蕾舞,1960年上海舞校成立后,被调入上海舞校执教,教授代表性舞蹈。她不仅精通民族古典舞、民间舞,而且擅长外国代表性舞蹈,如西班牙舞、匈牙利舞、波兰舞等,因而成了胡蓉蓉得力助手。程代辉老师主要是搞民间舞的,也有一定的芭蕾和戏剧表演基础,她先后跟随中国舞蹈家吴晓邦和戴爱莲、美国现代舞蹈家索菲亚戴尔莎、苏联芭蕾舞蹈家格雷斯诺娃和索考夫斯基、朝鲜舞蹈家崔存善学过各种类型的舞蹈。1952年后,她先后在中央民族文工团、中国青年艺术团、中央歌舞团、上海实验歌剧院任舞蹈演员,1960年调入上海市舞蹈学校。1963年程代辉参加大型音乐舞蹈史诗《东方红》的创作排练工作。林泱泱精通儿童舞、民间舞和芭蕾舞,具有丰富的舞台表演经验。这样,《白毛女》的四位编导实际上形成了一个优势互补的编创组合,可谓珠联璧合,显然十分有利于促进芭蕾舞剧《白毛女》中西舞蹈语汇的融合和创新,有利于舞剧中人物的塑造。四位编导的具体分工:胡蓉蓉担任舞剧主要编导,负责整部戏的结构、调控和喜儿的塑造,凡是主要演员出场的戏胡蓉蓉都要重点把关;程代辉主要负责杨白劳的戏以及秧歌舞,同时帮助傅艾棣完成地主婆的戏和大红枣舞;傅艾棣主要负责窗花舞、大红枣舞、红缨枪舞、儿童舞以及"四变"中的第三段"灰毛女"舞段,同时扮演"地主婆"一角;林泱泱主要负责加工男子舞蹈,如大春的舞蹈和男子群舞,包括开打、八路军舞、大刀舞等,同时完成"四变"中的第二段舞蹈,此外还出演"八路军小战士"一角。

林泱泱是进入《白毛女》编导组唯一的男老师,也是年龄最小的编导,深感重任在肩,于是全身心投入创作,不仅虚心向前辈学习,而且对自己分工负责的部分反复思考、精心构思;还专程赴京观摩《红色娘子军》演出,感到"舞剧很震撼,比电影更强烈",暗暗下决心"要把《白毛女》搞成比歌剧更精彩的舞剧"。林泱泱在《培养明珠 光鲜依存》一文中详细谈到自己参与《白毛女》创作情况:"创作大型芭蕾舞剧《白毛女》已有小、中型的良好基础,得以保留的精华很多,《奶奶庙》《我要活》都是塑造喜儿很成功的两场戏,当然保留,但要发展成大型舞剧,着实要花点功夫。原先的歌剧分场多,杨白劳躲债,又被迫于黄家中在卖身契上盖手印,回家过年不忍告诉喜儿,喝盐卤死。喜儿被抢进黄家,大春、大锁潜入黄家救喜儿不成,逃离家乡。这些重要情节关系到全剧的发展脉络,能不能变动? 芭蕾舞剧结构的特点是场次必须集中,故事往往很简单,一般只有三幕或四幕,如《天鹅湖》四幕戏,《睡美人》《唐·吉诃德》三幕戏,而舞剧《白毛女》则难在要把故事讲清楚,这对于舞蹈的功能'长于抒情,拙于叙事'而言,必须用适于舞剧的思路重新架构台本,要对歌剧的结构开刀,对精彩片断进行再创造。""同时也要发挥芭蕾舞剧的特色,要有情节舞、表演舞和哑剧,要增加动作性。首先遇到的难题是怎样结构开场,即第一场戏,这是一场重头戏,矛盾最集中、最突出,剧中的所有人物均在这一场出现。以后的几场戏都是这一场的延续。尤其是如何塑造杨白劳这一人物,舞剧剧本的构思必须是舞蹈编导进行艺术形象的思维,通过运用舞蹈夸张动作的肢体语言,把各种矛盾、戏剧冲突纠结在一起,只有舞蹈编导才能自己去体现和实践,对于杨白劳这一人物的塑造是喝盐卤死,还是被黄世仁、穆仁智打死? 杨白劳在(喜儿)卖身契上盖手印究竟是自己无奈的盖,还是反抗不从、被强迫盖? 我们对此情节予以重大变动,重塑了杨白劳的形象。当黄世仁上门逼债,要拿喜儿顶债,杨白劳欲带喜儿逃跑,被穆仁智打晕后,穆仁智硬生生强拉杨白劳在喜儿的卖身契上按上手印,杨白劳昏醒过来后为救喜儿,奋身举起扁担反抗,一心想抢回喜儿时,终被穆仁智重棍打死。戏剧矛盾就此激化,层层推进,大春和乡亲们赶来相救,展开一场激烈开打,并以戏曲中的武打动作为主要语汇,其中,'背包''蹿毛''翻跟斗'等动作,都是有鲜明的民族特色。黄世仁鸣枪,将喜儿抢走,在赵大叔指引下,大春投奔八路军。在'乡亲们,快快参加八路军'的歌声伴唱下,跳起铿锵有力的'参军舞','参军舞'以生活中快速有力的大步走动为主体,并提炼跋山涉水、奋不顾身的姿势和舞步,加入中国秧歌舞的动律,融合奔放有力和芭蕾舞中的性格动作,充分表达了青年农民对八路军的向往,争取自身解放的勇气。自此,落下了第一场帷幕。这场重头戏占时30分钟,足足占全剧一个半小时的1/3时间,把全剧的矛盾冲突、戏剧冲突紧紧相扣,一气呵成,形成全剧的第一个高潮。"

　　1964年2月3日,舞校党支部曾组织部分业务老师对芭蕾民族化的问题展开热烈的讨论。林泱泱在会上说:"芭蕾一定要民族化、要表现现实生活,否则没有前途。芭蕾有些剧目,人家看不懂,因为离人民生活感情距离很远,不能引起

《白毛女》剧照

共鸣。""芭蕾民族化也是很困难的。这种外来的 17、18 世纪的作品,如双人舞,中国人就不会这样,但芭蕾民族化,还应该保留芭蕾的特点,若完全与民族舞一样,人家为什么要来看芭蕾,因为群众还是喜欢看芭蕾舞的。"对于编导来说,重要的是应该从剧情内容和人物性格的需要出发,打破西洋芭蕾原有的程式和动作衔接方法,并努力从生活中创造出新的民族韵味的舞蹈语汇和表现手法,最终达到说清楚故事,让观众理解整个故事并产生强烈共鸣的效果。《白毛女》在进行人物塑造的过程中,正是抓住角色手、眼、身、法、步以及头部的动作特征,同时吸收武术中的毯子功、民族民间舞和其他戏曲技巧来进行舞蹈创作,从而展示出众多的中国气质鲜明的艺术形象。为此,在塑造大春、杨白劳、黄世仁、穆仁智角色时,林泱泱和编导组诚邀著名话剧导演黄佐临、京剧大师周信芳、江南名丑刘斌昆等亲临指导。林泱泱在中国芭蕾如何传承古典芭蕾精华,结合中国传统文化元素,形象塑造人物上进行了有益的探索。这里特别要提到杨白劳这一人物形象的塑造。西洋芭蕾中的老人扮演者一般都由哑剧演员担任,基本上没有什么表演手段。在《白毛女》中杨白劳是个重要角色,戏曲中的表演成为刻画杨白劳形象的主要手段,林泱泱请周信芳大师指导塑造杨白劳形象的技能,包括台步、蹉步、双手颤抖动作和表情等表现手法,还学习了他的代表作《徐策跑城》中的片断。周信芳大师要求演员表演从心里自然流出,技巧要和情感结合。周信芳大师认为：杨白劳是深受压迫的老贫农，他出场时是"冒着风雪返家"，这一段可用《徐策跑城》中的蹴步和踹步等动作，以加强雪中的奋战；手势、脚步都要表现出是在雪中艰难前行，要有悲愤交加的情绪，要有跌跌撞撞的感觉，也要有坚强有力与风雪搏斗的气势。林泱泱遵照周信芳大师的要求，并根据剧中内容和人物特点，用民族舞步和动作，结合传统戏曲的表演手法，赋予杨白劳新的形象。杨白劳出场时，迈着顿挫有力的步伐，冒着风雪而行，舞段的最后他举着扁担屹立于风雪之中，突出了杨白劳苦大仇深、压而不服的气概。与地主黄世仁、穆仁智的抗争过程中，杨白劳满腔怒火，双手颤抖着高举扁担奋起斗争，突出了杨白劳敢于反抗的精神。同时通过舞蹈化的大幅度的舞台调度和动静有致的强烈节奏，把逼债和反抗这一激烈的斗争展现得淋漓尽致，在处理杨白劳倒地时，运用了戏曲中"挺尸"的技巧，这一场大大地充实和增强了刻画杨白劳形象的艺术效果。

《白毛女》剧照

在塑造剧中主要人物王大春时，林泱泱在运用芭蕾男子舞蹈中较为健美有力、幅度开阔的大跳和旋转动作的基础上，同时增加了中国民族舞蹈动作"飞脚""摆莲""双飞燕"等，在舞姿方面运用了"托掌""山膀""提襟"等，使之更符合中国男子的特征和气魄。第一场，大春与黄世仁、穆仁智及家丁开打时，林泱泱安排了一个大春的亮相：大春脚踩一家丁，两手各档住家丁的手和枪，配之以打击乐的强锤,整个造型在动静结合中有力地突出了大春敢于反抗的斗争精神。杨白劳被打死后,大春和众乡亲同黄家打手展开生死搏斗,林泱泱以戏曲中的武打动作为主要语汇安排了一场激烈精彩的开打,其中"背包""蹿毛""翻跟斗"等动作都富于鲜明的民族特色。

反面人物塑造在西洋芭蕾中是比较苍白的,往往只是在外形和脸部化妆上显露出来,而在中国戏曲中却有着非常丰富的表现手段,突出的是身段、技巧、手势和眼神。"江南名丑"刘斌昆对刻画黄世仁、穆仁智形象的要求是"扮演反面人物的一招一式都必须规范,绝对不能随心所欲、任意表演,千万不能把反面人物演'油了',角色与角色之间交流时,更不能有半点闪失"。周信芳大师要求"坏人要演出坏人的感情,黄世仁、穆仁智应有区别。穆仁智可适当加些小三花脸的身段。黄世仁要学点大少爷(戏曲中小生)的动作,要演出他的身份地位"。

林泱泱与穆仁智饰演者陈旭东进行了细致的人物分析,认为穆仁智是三种角色集于一身,即奴才、帮凶和小头目。根据角色的这个特点,作了精心设计。作为奴才,在逼债一场,在两个家丁打着灯笼出场后,穆仁智运用一个"鹞子腾空",为黄世仁打前站,然后面向侧幕,一手前伸,一手放在臀部,手腕上翻,像狗尾巴一样摇摆,然后卑躬屈膝地倒退着迎接黄世仁出门,一副摇尾乞怜的十足狗奴才相。作为帮凶,运用京剧的步战、马跃等动作,或徒手交锋或手持器械,或单打独斗或集体开打,表现了作为地主走狗对农民穷凶极恶和凶狠残酷。作为小头目,第三场中,穆仁智带领家丁追赶喜儿,因未找到喜儿而恼羞成怒,用"错步""吸脚跳""转圈"等动作,发泄穆仁智对家丁们无能的不满。当家丁发现喜儿一只鞋子后报告穆仁智,他亲自提着灯笼去查探,不料脚底打滑,立即命家丁去找,家丁用一个"趴虎"动作,表示喜儿可能投河自尽,穆仁智托着喜儿的一只鞋子,眼睛骨碌碌地转了几转,点了点头,把鞋子抛给家丁,拍拍手上的灰尘,无可奈何地吩咐家丁回家,丰富的肢体语言和大量的脸部表情,把穆仁智刻画得活灵活现。

丑角泰斗刘斌昆对黄世仁形象刻画的要求是开宗明义、简单扼要:一,黄世仁身份是地主、是头儿;二,黄世仁到杨白劳家是逼债抢人,并对黄世仁形象作了具体设计。林泱泱与饰演黄世仁的王国俊共同研究、反复领会刘老师对角色塑造的要求,终于把黄世仁的形象令人信服地呈现在舞台上。

除夕夜,天黑路滑下大雪,家丁手持灯笼照地上,动作缓慢而小心,穆仁智探路在先,指挥家丁迎接黄世仁,在家丁撑伞护卫下,黄世仁左手提襟、右手执杖,碎步出场,跨腿二圈转后甩袍立定,随后将手杖挂于左臂,右手伸兰花手指,眼睛斜视穆仁智一个亮相,活生生一副恶霸地主形象,既表现了雪天路滑,穆仁智的阿谀奉承,又烘托出地主出场有身份有气势。刘老师曾对王国俊说:"你是地主,你是主子,手下的人都得听你的,所以,你要摆出主子的架子来,家丁打灯笼、撑雨伞,你都不屑一顾,但对穆仁智则要把握好分寸,他是奴才的头,年纪比你大,鬼点子多,经验丰富,所以你要对他有所信任,有所依赖,态度上也要和悦一点,这就是人物关系上的区别。"所以当穆仁智展示事先拟好的得意之作——卖身契时,黄世仁审视后则报以非常满意的额首赞许,显示他对穆仁智的言听计从和狼狈为奸的主仆关系。黄世仁在审视卖身契时,只用两个手指夹住卖身契,右手一甩,左手一接,卖身契平整地展开了,动作一气呵成,接着耸眉张目,自上而下、由右往左扫视一遍卖身契,思索片刻,眼睛一转,摇头晃脑,简洁地勾勒出地主阴险毒辣的狰狞面目,入木三分。在用手杖挑逗喜儿时,上下打量,嬉皮笑脸,不怀好意;在用手杖打昏杨白劳后,手擎杨白劳染红的手指向观众亮相,停顿片刻,再狠狠往下摁。这一系列的动作和表情,完全是京剧中小生行当的表演模式,既清清楚楚地交代了剧情,让观众一目了然,又把人物演活了。《白毛女》最后一场里斗地主,黄世仁、穆仁智穿着黑长衫,被押在台口边上挨批斗,两人低头弯腰肃立着,没有任何动作,像木桩似的站着。林泱泱在台下看了不满意,要求他俩对白毛女和群众的控诉要有反应,要和批斗大会融为一体。需要他俩偷偷地观察台上其他演员的表演,并作出相应的反应,白毛女扑过来时要表示惊恐万状,长工控诉时要显示心惊肉跳,一会儿缩颈,一会儿侧躲,要始终保持浑身发抖的状态,而时间长度为 3 分 45 秒,这对演员而言太累了,太苛求了,于是想了一个妙法,用手抖动长衫袖子,似乎是全身在抖动,演员省力了,又达到了剧情需要的艺术效果。把戏曲表演手法融进了人物的塑造上,又将芭蕾技巧有机地糅合到人物的表演上,从而达到既是芭蕾又是民族的完美统一。

林泱泱在《白毛女》中负责的另一个任务是"四变"中的第二变黑毛女的独舞。《白毛女》第四场"四变"由喜儿、黑毛女、灰毛女、白毛女四段独舞构成,是黄佐临老师建议的,他的灵感来自电影中经常出现的春夏秋冬四季变化,黄佐临老师认为电影中处理这样的变化一般是镜头的简单剪接,舞剧却可以通过舞蹈动作演示喜儿如何与大自然进行艰苦的斗争,例如,喜儿怎么采野果,怎么与风、雨、雪、野兽搏斗，头发怎么由黑变白并成长为坚强勇敢的女性。舞剧不仅可以在现实主义基础上增加浪漫主义色彩，更可以深刻地反映"旧社会使人变成鬼"以及"野火烧不尽，春风吹又生"的主题。"四变"舞台展现如下：喜儿逃过追杀苏醒过来，在广阔的大自然中欢快起舞（春天）。喜儿穿过九溪十八涧，嬉水喝水。风起黄沙，天幕纱幕跑黄沙，风吹喜儿倒地，翻滚奔跑到黑绒档片后，同时头发披散的黑毛女从黑绒档片后翻滚出场，黑毛女顶着黄沙起舞；风平静下来后，黑毛女寻采野果，之后进入黑绒档片后，灰毛女出场；灰毛女手拿篮子摇树上的果子，这时听到野兽的吼叫声音，灰毛女拿起棍子准备和野兽斗，最后爬上小坡，将棍子扔向野兽；紧接着下雪了，白毛女亮相在山巅之上。四段独舞都很短，但要自然过渡，无缝对接，一气呵成，虽然是四个人表演不同舞蹈，但给观众的感觉是一个人的舞蹈，而且每段独舞均要有不同的特点。林泱泱设计黑毛女是旋转出场，以翻身技巧进入黑绒档片后，寻采野果子时，则以跳跃来表现，得到大家一致赞赏。

　　1966年年中，"文革"风暴席卷全国，红卫兵大张旗鼓地破"四旧"。当时，《白毛女》正准备在上海市人民政府礼堂举行赴京返沪汇报演出，舞校领导担心红卫兵来破"四旧"，因为剧中黄世仁家的布景、供桌、太师椅等，在红卫兵眼中肯定是"四旧"，为了安全，演出结束后，领导不让大家回西郊，男演员就睡在舞台中央的地板上，又用画景布把黄世仁家的全套家具遮盖得严严实实，提心吊胆地过了一夜，后来转移到徐汇剧场继续演出。然而，上海舞校也绝非一方净土，由北京刮起的"怀疑一切"的极"左"思潮也在《白毛女》剧组中蔓延开来，引发了《白毛女》是香花还是毒草之争。持"毒草"观点的演职员认为剧中两次出太阳，政治上有蹊跷，第七场白毛女、大春和乡亲们迎着一缕阳光走出山洞，而第八场又升了喷薄的红日，尽管歌词点明了"敬爱的毛主席，人民的大救星"，他们硬说是另有所指。在徐汇剧场的一天下午，绝大部分演员都在后台化妆，准备开演。几个激进的同学联络了部分演员策划罢演，并找到了饰演黄世仁的王国俊，他们把王国俊叫到走廊里，神色凝重地做他的思想工作："现在就看你了，只要你参加罢演，这台戏今晚就演不成了。"当时，王国俊的思想斗争很激烈："票子都卖出去了，如果答应罢演，《白毛女》演不成的责任就全在我身上了，这个责任太沉重，我实在承担不起，更不想做这样的'英雄'。《白毛女》从小型到大型，我都亲历其中，三年多来的探索，承载着舞校师生多少心血和努力，我实在不忍心去毁了她。"考虑

豪华落尽是真淳 艺术评传

再三,王国俊把自己的想法向好朋友和盘托出,请他们不要为难他,他要对观众负责,也要对自己负责,他知道化妆间里有许多双眼睛盯着他,也要对得起大家。那天晚上,演出大幕依然徐徐拉开,罢演没有成功,但"香毒"之争远未结束。《白毛女》的几位编导都成为专攻对象,不光贴出"×××黑编导老实交待"的大字报,还要他们交出所有工作笔记,并遭到谩骂、恐吓、威胁与围攻。程代辉和林泱泱在学校及家里已缺乏安全感,只好躲在程代辉姐姐家,她和林泱泱在街上商量如何及时向中央领导反映情况。程代辉当年是中央歌舞团的当家花旦之一,在家人帮助下,她和林泱泱向毛主席、周总理及中央有关领导部门写了三封同样内容的信,反映《白毛女》"香毒"之争的情况,恳请中央领导亲自审查《白毛女》,只有这样,才能平息《白毛女》"香毒"之争,才能保住《白毛女》。不久,传来中央有关领导部门要调《白毛女》赴京演出的消息,程代辉和林泱泱激动万分,可是因程代辉持《白毛女》是香花的观点,故未让她随团赴京,并剥夺她参加《白毛女》剧组工作的权利,她不禁失声痛哭,无奈只得自己赴京。一天晚上,中央有关领导部门等审查《白毛女》,程代辉早早到了首都剧场,但保卫工作极严,没票根本无法靠近剧场,程代辉只得到剧场旁边的全国文联大楼处写了一封短信说明自己身份,要求参加工作,请林泱泱转递。1967年4月20日,毛主席亲自审看《白毛女》说:"《白毛女》好!"并上台与全体演职人员合影留念。4月25日,《人民日报》头版头条登载了毛主席观看《白毛女》的消息及与全体演职人员合影照片,还为此发了社论说舞剧《白毛女》不是毒草是香花,是艺术明珠。那天晚上,程代辉、林泱泱激动万分,彻夜未眠,程代辉也重回《白毛女》剧组工作。自此,《白毛女》"香毒"之争画上了圆满的句号。《白毛女》成为八个样板戏之一,至今已演出2000余场,成为20世纪中华经典舞剧之一。

中央启动为八个样板戏拍摄彩色艺术片的庞大工程,《白毛女》由上海电影制片厂承担,自1970年至1971年,前后拍摄约二十个月,桑弧任导演,沈西林任主摄影师,除了副导演,还配备了四位摄影助理。在拍摄现场,桑弧导演与胡蓉蓉、林泱泱、程代辉等老师十分认真细致地商讨剧本,而林泱泱、程代辉则是每天坐镇在摄影棚里,每个镜头、每个角度的设计都精心琢磨,并要征得程代辉、林泱泱的同意才能开拍。正式开拍前需要试妆、试镜头,演员在镜头前不能有丝毫走神和空白,任何细小的动作和表情都必须符合角色的身份、生活和特定环境。舞美布景在舞台演出的基础上,按拍摄要求,重新设计制作,几个摄影棚轮流制景、轮流拍摄。

夏天的摄影棚里有冷气,刚进棚很舒服。灯光一开就热起来,尤其是几个水银灯,又大又亮,开拍前演员需要站位子、走调度,主要角色才走了几下路子,已是汗流浃背,得换服装熨干。嘴唇上粘胡子的杨白劳、赵大叔,脸上一出汗,粘胡子的酒精胶就脱胶,让人发笑,化妆师得拿着胶水、毛巾在一旁伺候,随时补胶。白毛女的眉角需要吊起来系在发后,再戴头套,时间一长很难受,真受罪。女演员穿好脚尖鞋候拍,时间久了,脚发胀发麻。冬天,摄影棚里暖气不足,又四处透风,大家只穿单薄的戏服,外披军大衣,依然冷得直跺脚。程代辉、林泱泱就给大家打气鼓劲,因为大家才20岁左右,没有家事拖累,可以集中精力钻研角色,拍好电影,可是,程代辉、林泱泱等老师就不一样了,他们每天早出晚归,有时要拍到凌晨5点才回家,家里的孩子小,读书、生病都无法照顾,一心扑在《白毛女》拍摄上,真可谓劳苦功高。在大家的齐心协力下,最后出色地完成拍摄任务。

《白毛女》剧组以中国上海舞剧团名义,于1972年5月5日至6月10日首次跨出国门,赴朝鲜民主主义人民共和国访问演出,献演剧目为舞剧《白毛女》《红色娘子军》、钢琴协奏曲《黄河》和音乐、舞蹈综合节目。

舞剧团到达平壤火车站,受到朝鲜人民热烈欢迎。在通往平壤大同江宾馆的路上,沿途两旁上万朝鲜群众,身穿节日盛装载歌载舞,夹道欢迎。在剧场演出时,座无虚席、鸦雀无声,演出结束时,全场暴风雨般的掌声经久不息,谢幕达六七次之多,仍欲罢不能。一次在朝鲜"二八维尼龙厂"广场搭台为14000多位工人演出,天不作美,突然下起瓢泼大雨,工人们淋着大雨坐在地上,浑身湿透,无人离场,演员们也满怀激情地表演,乐队拉的琴被雨淋湿,许多朝鲜工人为乐队演奏员主动撑伞遮雨,一位朝鲜老大娘背着小孩,不顾自己小孩淋雨,却为演奏员遮雨,演奏员一边演奏,一边感动得泪流满面。朝鲜人民领袖金日成观看了《白毛女》,中场休息时,还接见了主要演员,演出结束登台和演员亲切握手、合影留念,充分体现了中朝两国人民用鲜血凝成的深情厚谊。

从朝鲜归国后不久,应日中文化交流协会和朝日新闻社邀请,中国上海舞剧团于7月10日至8月16日赴日本演出,这次民间性质的出访可以说是中日关系的"破冰之旅",其意义完全可以同中美之间的"乒乓外交"相提并论。

赴日前,在北京休整了一段时间,请了东方歌舞团老师为舞剧团排了两个日本民间舞蹈,一个是反映渔民劳作的《拉网小调》,男演员扎着头巾,赤着脚,边舞边唱,富于劳动气息;另一个《小花笠》,女演员们身着鲜艳民族服饰,手持小花笠,合着优雅动听的日本民间音乐,载歌载舞,民族风格浓郁。周总理对舞剧团出访日本高度重视,寄予厚望,急招正在农村"五七"干校的日本通孙平化出任团长,另一位是肖向前(中日建交前出任廖承志中日贸易代表处主任,长驻东京)。接到任命的孙平化团长匆匆赶到前门饭店大会议室与全团人员见面,并作形势报告,他说:"昨天在干校接到通知,今天就和大家见个面。让我带芭蕾舞团出访,我纯粹是个外行,演出的事我一点也不懂,还要请在座的艺术家们多多帮忙,我就管演出以外的事吧。"他对当前的日本形势作了精辟的分析,认为尽管日本左翼、右翼斗争很激烈,但整个形势对我们很有利,希望大家集中精力做好自己的事,把演出搞好,以不卑不亢的姿态参加各种活动,没有必要太紧张。因为舞剧团在广州整装待发时,新首相田中角荣内阁成立了,新首相表态:"跟中国建立邦交,这是我这任内阁很重要的一个任务。"当初舞剧团只作为艺术交流,友好访问,外交目的还不是那么明确,可如今,日本出现了力主恢复邦交的呼声,新首相表态后,周总理在欢迎也门人民共和国访问中国的宴会上表态说:"新首相表示要跟中国恢复邦交,我们表示欢迎。"正好这个时候,舞剧团要去日本演出,所以舞剧团的角色变了,其任务就是要促进两国恢复邦交。

赴日 36 天,先后在东京、大阪、神户、名古屋、京都 5 个城市演出 19 场芭蕾舞剧《白毛女》《红色娘子军》、钢琴协奏曲《黄河》以及音乐舞蹈综合节目。7 月 14 日,舞剧团在东京日生剧场举行首场演出,献演《白毛女》,日本国务大臣和通商产业相在团长孙平化陪同下观看了演出,并夸奖演出"真不错,一定很受欢迎"。因中日尚未建交,反对舞剧团访日的日本右翼不断捣乱,宣传车上的高音喇叭叫嚷"中国人滚回去",还寄子弹来威胁,但日本许多友好人士以及华侨主动前来担任保卫工作,晚上通宵在下榻宾馆的走廊站岗,还有一些当年侵华老兵让子女加入接待队伍。更令人感动的是松山芭蕾舞团在舞剧团巡演中发挥了特殊作用,清水正夫、松山树子、清水哲太郎一家及全团为舞剧提供全方位的无偿帮助,他们腾出练功房,让舞剧团演员练功排练;主要演员清水哲太郎,为了防止右翼分子的捣乱,每次演出《白毛女》时,他总是抱着厚厚的石棉毯子,穿着农民服装坐在台口的侧幕边,以备破坏分子向舞台上扔燃烧弹时,以身去扑灭燃烧弹;该团创始人清水正夫特地留着大胡子,他说:"中日如不恢复邦交,就一天不剃胡子。"类似的友好之举,不胜枚举。作为编导的林泱泱,每天随孙平化团长陪同日本有关人员观看演出,同时负责回答媒体记者和有关方面关于舞剧《白毛女》《红色娘子军》创作、演出的一系列问题,可以说也是忙得不亦乐乎!访日期间,周总理请访日的农业代表团秘书长陈抗带话给孙平化、肖向前,"把荒地化为平地,盖万丈高楼""永远向前进",两句指示性的双关暗喻恰好融进了两人的名字,意思明确,就是要两人促进新首相来访华,实现中日两国邦交正常化。8月15日,舞剧团回国前一天,新首相、新外相等在帝国饭店会见孙平化团长,新首相田中角荣高兴地说:"准备到中国去,什么时候去最好呢?"孙平化回答说:"最好是秋天,秋高气爽,北京的红叶很好看。"新首相说:"好,秋天去北京。"9月25日,日本首相田中角荣正式访问中国,周总理到机场迎接。9月29日,中日两国在人民大会堂正式签署《中日联合声明》,宣布两国即日起建立外交关系。因此,舞剧团访日被称为一次成功的"芭蕾外交"。日本媒体也撰文称"北风吹,吹散了笼罩在日中关系头上的乌云"。

1974年始,林泱泱参与创作革命现代舞剧《苗山风云》,导演胡蓉蓉,参与编导的还有舒巧、方元、李晓筠、白水、程代辉。《苗山风云》根据贵阳市京剧团创作的京剧《苗岭风雷》改编,创作组成员曾赴广西龙胜、融水地区深入体验生活,由方家骥、李家政等编剧五易其稿,1975年赴北京市工人文化宫内部演出,广泛听取专家和观众意见,并对舞剧进行了修改,于1976年春节在上海市人民政府礼堂首演。舞剧分幕如下:序幕恨溢蟒洞、第一场风展红旗、第二场晨临苦竹、第三场情满青山、第四场党是救星、第五场笑迎风雷、第六场春到苗岭。反映苗族少年雷震山满怀深仇大恨跳崖参加红军,十五年后成长为解放军指挥员,率领解放军发动群众与苗王及国民党残匪戴守仁巧妙周旋斗争,最后争取群众,消除疑虑,军民聚歼匪徒的故事。热情讴歌了只有在共产党领导下,依靠人民解放军,苗家才能获得真正的解放。公演后,专家和群众认为舞剧主题是好的,也有一定的生活气息和民族特色,但戏剧冲突不够突出,人物形象不够鲜明。因此,"四人帮"倒台,舞剧也就束之高阁,无人问津了。

舞剧《苗山风云》虽然未能成为保留剧目,但也未能影响林泱泱对创作的热情,以及对芭蕾艺术的不懈追求。舞剧首演后,林泱泱政治生命中迎来了一件大事,于1976年4月27日成为中国共产党党员。那天正是和风丽日,几许繁红嫩绿的时节,林泱泱上完课,匆匆吃了几口饭,就往学校会议室赶,一走进会议室,已坐了不少人,他突然感到有点紧张,这毕竟不是进教室上课,而是接受全体党

豪华落尽是真淳 ◆ 艺术评传

员的审议,决定自己的政治命运。但当宣读入党申请书时,心情反而显得平静。林泱泱说:"我出生在革命家庭,父亲很早就参加印度支那共产党,后改名为越南劳动党。父亲积极参加抗日、反法运动,因此被捕入狱,被流放,服苦役,受酷刑,但仍坚持与敌人斗争,直至革命胜利。新中国成立后,父亲被分配在越南驻华大使馆工作,1963年,在中共中央统战部安排下,赴越南外文出版社当译审专员,为增进中越两国人民之间的战斗友谊和相互了解,倾注了大量心血。1973年回国,组织安排定居上海,并转为中共党员。我从小受父亲影响,把父亲当作心中的英雄,决心像父亲一样成为一名光荣的中共党员。自己也是在党的教育和培养下,从一个不懂事的孩子成为一名文艺战士,决心为实现党的伟大使命,贡献自己的一切。"接着全体党员进行认真审议,林泱泱拿着钢笔,仔细地将意见记录在笔记本上,最后表决时,全体党员一致通过,顿时响起了热烈的掌声。林泱泱十分激动,热血沸腾,此时忽然想起父亲曾经教他的两句诗:"须知铁铸忠臣骨,纵作微尘亦不休!"更坚定了做一个忠于党、忠于人民的文艺工作者的理想,为繁荣和发展社会主义文艺事业贡献绵薄之力。

林泱泱任主要编导的另一部成功舞剧是《玫瑰》,舞剧编剧钱世锦在回忆舞剧改编过程时写道:"1978年,'文化大革命'结束后,长期被禁锢的思想阵地似乎一下子被打开了缺口,以小说、诗歌、电影带头,上海的文艺创作呈现了前所未有的欣欣向荣景象!舞蹈界当然也是创作不断,受此影响,一直希望在芭蕾舞剧创作上有所作为的我特别想结合自己所在的上海芭蕾舞团写一个芭蕾舞剧剧本。就在此时上海电影制片厂的一个朋友告诉我他们厂要拍一部反映历史上中国北方达斡尔族人民反抗沙俄侵略的故事片,名字叫《傲雷·一兰》,作者是剧作家白桦的弟弟叶楠,朋友还设法让我看到了这部电影的文学本。看了剧本后我感觉这个故事非常适合改编成芭蕾舞剧,一是戏剧冲突清晰、人物形象鲜明;二是有少数民族的歌舞场面;三是还有异国风貌的表现。于是我通过介绍去见了叶楠并且把我的想法与他沟通。欣慰的是叶楠非常通情达理,很愿意我改编他的剧本。我去他在青岛的家,也去过他工作单位北京海政文工团办公室,多次讨论剧本,他也出了不少主意,大家成了朋友,其间,还在第一时间看了他的得奖影片《巴山夜雨》的剧本。当时,我觉得为了更符合舞蹈的风格是否可以不用《傲雷·一兰》这个名字,于是我们商量把主角名字改成了'玫瑰',并且以此作为芭蕾舞剧的名字。当时我也将自己想创作芭蕾舞剧的想法报告了上海芭蕾舞团的领导,并且得到他们的大力支持,而且成立了创作组。我联系了上海音乐学院的老同学、作曲家金复载来担任作曲,联系了上海人民艺术剧院资深的导演罗毅之来担任艺术指导,团领导又指定林泱泱担任舞剧的主要编导,程欣苏担任服装设计师等,而男女主角则由凌桂明和余庆云担任。"这就是电影《傲雷·一兰》改编为芭蕾舞剧《玫瑰》的缘由。此后,林泱泱与创作组的大部分成员赴黑龙江故事发生地体验生活,并到达斡尔自治州访问,观看多场歌舞表演,还深入到大兴安岭的满归,去那里的大森林里与少数民族鄂温克人共同生活,在他们的帐篷里一起在大石板上烤面包。编剧钱世锦还专程到大兴安岭清河林场拜访正在那里拍摄《傲雷·一兰》电影的大导演汤晓丹,听取他对改编这部电影为芭蕾舞剧的意见和建议,还去北京故宫博物院查看有关的历史图片。回沪后,林泱泱、钱世锦、金复载就反复讨论分场的音乐构成,林泱泱也同步投入舞蹈场面的设计。翌年春天,演员开始排练,其间,还请达斡尔自治州宣传部的领导到上海观看排练,征求他们的意见。最后舞剧《玫瑰》于1979年7月10日在上海市人民政府礼堂首演。据悉,《玫瑰》是粉碎"四人帮"后,全国舞蹈界创作的第一部舞剧,演出盛况空前,观众反映热烈,抢票时几乎把剧场的门都挤坏了,媒体好评如潮。《玫瑰花开扑鼻香》评论文章写道:"碧蓝的天空,月色媚人,寂静的林中,秋虫鸣啭,青年猎手奥立达和美丽的姑娘玫瑰在白桦林中追逐嬉戏,翩翩起舞,互相倾诉着忠诚的爱情。'嗖!嗖!'两支并蒂箭射在同一棵树上,他俩结下了山盟海誓。这是大型现代芭蕾舞剧《玫瑰》中林中定情的场面。《玫瑰》是上海芭蕾舞团根据叶楠同志的电影《傲雷·一兰》改编创作的剧目,它的改编有两个特点:一是立意新。通过玫瑰一家在外来匪徒侵袭下悲欢离合的遭遇,表现了玫瑰热爱祖国、热爱人民、忠于爱情的崇高思想情操。整个舞剧格调比较抒情。玫瑰不是一个咤叱风云的英雄,而是一个普通平凡的少女,但却有不平凡的思想闪光,因而给人耳目一新。二是构思新。改编者在重新构思的过程中,充分运用和发挥了芭蕾艺术的表演手段,并有新的突破。如第五场玫瑰被匪徒囚禁在帐篷内。过去舞台上囚徒的形象一般都是拷着双手,但从芭蕾艺术角度看,这形象既不美,又不能展开舞蹈。现在的处理是别具匠心的:帐篷内的树干上,一根约有八米长的铁锁链锁住玫瑰的一只手臂,演员就是带着这根铁链以动人的舞姿,抒发对匪徒的愤懑,对未婚夫的坚贞爱情和内心的悲伤。玫瑰围绕树干四处奔走,但始终挣脱不掉铁链;奥立达目睹未婚妻遭受的痛苦,但只身又无法营救她,解脱她的痛苦;匪徒发现他俩在帐篷内相见,要杀害奥立达,可是奥立达又不忍离开玫瑰。通过一系列的旋转、托举等双人舞,淋漓尽致地表现了玫瑰和奥立达在这个特定的环境中复杂的内心感情。……我们期待玫瑰散发出更加沁人的芳香。"

《玫瑰》剧照

叶楠专门撰文,题为《一棵带雨珠的玫瑰——看〈玫瑰〉演出想到的》,他盛赞舞剧《玫瑰》:

> 上海芭蕾舞团把《傲雷·一兰》搬上芭蕾舞台,他们对待艺术的严肃、认真、刻苦、虚心,想象力之活跃,给我留下极为深刻的印象。看了他们的演出,我很激动,产生了一些随想。
>
> 首先,关于改编。改编是再创作,本来,由一种艺术形式改编为另一种艺术形式,不能仅仅是一种新分切、组合和取舍的问题,必须重新进行构思,而构思的主要根据,是新艺术形式的艺术手段。芭蕾舞团的同志理解这一点,他们在重新的构思中,充分发挥了芭蕾舞的表演手段。如第四场,在电影剧本中,仅仅是几个镜头的戏,男女主角并没有见面。一个是策马绕帐篷厮杀,喊着未婚妻的名字,一个是被囚在帐篷中听到未婚夫撕裂心肺的叫声,悲恸欲绝。电影可以用镜头对比来完成这段戏,而芭蕾舞却作了另一种处理。幕拉开了,黑色的帐篷占满了

舞台。帐篷内支撑帐篷的树干上，一根长长的铁链锁住女主人公的一只手臂，演员带着铁链以动人的舞姿，抒发了她的悲伤和愤懑，男主人公潜入帐篷，在敌人营地中与未婚妻会面。相逢是短暂的，也是危险的，只身营救是无望的，这时候，两人有多少话要讲啊！就像一只雁在另一只被缚着而不能展翅的雁身旁哀鸣和飞旋……只有芭蕾才能淋漓尽致地把这场戏表现出来。

改编甚忌拘泥于原作。去年春天，在北京，女诗人柯岩给我看了她的《傲雷·一兰》改编本，这是一个歌剧本，她为中央歌剧舞剧院写的，也是很别致的。她完全是另一种构思，充分发挥了诗歌、音乐的艺术手段。而这二个本子的女主人公的性格却完全不同，也都和电影差异很大。如果说芭蕾的女主角是带雨珠的玫瑰，而柯岩的歌剧中的女主人公则是雁群中的守望雁的形象。我国有很多戏剧来自小说或其他文艺形式，搬上舞台后，不但人物性格、戏剧情节有变化，而且意念也不同。如《十五贯》便是，这是极正常的，正因为改编是再创作。

其次，追求美的问题，我认为文艺应当比生活更美。"四人帮"在文艺领域内的流毒之一，就是排斥美。他们是主张正面和反面的绝对比，黑与白的绝对反差。表现在舞台上，一律是剑拔弩张；一律是折线而排斥曲线；语言一律是声嘶力竭；动作一律是简单的几何轨迹。这次芭蕾舞团演出的《玫瑰》，在追求美这方面作了一些努力。无论是美工、音乐、舞蹈等方面，都取得了一些可喜的成绩。如第五场，女主人公在敌人押解下回到故乡，遍体鳞伤的玫瑰在故乡的土地上睡着了，进入了梦境。她梦见草原上的花朵，含着泪迎接归来的女儿，吻着她那有伤痕的全身。她也吻着家乡芳香的花朵。她梦见自己和未婚夫的重逢，就在这花的草原上，创作者给表演者提供了诗一般的意境，也提供了丰富的内心的感情——祖国和亲人像花香一样浓郁感情。

……我们期望芭蕾舞团取得更大的成功。

《玫瑰》也因此荣获建国三十周年优秀创作演出奖。

林泱泱于1986年独立创作了独幕舞剧《桃花潭》。创作灵感来自著名作家沈从文的一个短篇小说。故事发生在半个多世纪前，湖南与贵州交界处的一个偏僻山村,族长觊觎村中俊俏的寡妇,但屡遭拒绝,遂心生毒计,强令其嫁给瘫子,事为爱慕寡妇的石匠所悉,努力将她救出并一起出走,不料被族长遣人抓回,以破坏族规的罪名,将他们双双沉入桃花潭中。七年前林泱泱读到那篇小说时心里久久不能平静,深感这是一出具有反封建意义的悲剧,故产生了改编舞剧的念头。

《桃花潭》反映了深受封建礼教重压的农村寡妇被沉潭的悲惨命运,以揭示旧社会犹如吃人深潭这样一个发人深省的主旨。林泱泱在舞剧结构上突破了有头有尾、叙述故事的框框,而是以双人舞为核心来结构舞剧,并从人物内心感情出发设计舞姿、动作,因而尽管舞剧结构有些跳跃,但人物思想感情的来龙去脉仍一目了然。《桃花潭》是以塑造独特的人物形象见长,而抒情细腻、编舞漂亮、组合严谨,则是舞剧的显著特色。

舞剧《桃花潭》参加"上海之春"音乐节演出,深受好评,荣获创作二等奖。

林泱泱独立创作的双人舞有《青梅竹马》《光之恋》《鹿回头》《沉思》《凤凰》等。

1980年5月,林泱泱创作双人舞《青梅竹马》,以表达人类美好的情感和愿望。林泱泱没有从抽象的概念出发,而是用优美独特的体态和舞姿表现了中华民族淳朴动人的感情,唤起人们对生活、对爱情、对美好事物的向往。然而,从一定的情感和意念的种子,到人们心灵的沟通,中间是有一段距离的。林泱泱就是驰骋艺术想象,找到富于表现力的舞蹈语汇,搭起美的桥梁。当月,汪齐风和舞伴参加在日本大阪举行的第三届国际芭蕾比赛,进入第三轮决赛时,表演的节目正是《青梅竹马》,舞蹈把芭蕾和民族舞相交融,富于东方姑娘的含蓄美,因而评委主席给汪齐风打了满分。不少外国舞蹈家蜂拥而上,拉着汪齐风的手要学那独特风味的舞姿。她们说:"这个舞蹈表现了中国人民的感情,在整台比赛中令人感到清新。"《青梅竹马》能吸引众多国际芭蕾大师,因为表现爱情主题的古典双人舞很多,但《青梅竹马》表现爱情的方式与众不同,如果说黑天鹅、西班牙女郎的热情似火、似剑,那么《青梅竹马》中的姑娘却似秋夜的月亮披上如烟的云纱,以羞涩、腼腆、含而不露的神情取胜。这无疑对林泱泱是个鼓舞,对自己的艺术创新更有信心。同年创作的双人舞《光之恋》起始于"表现科学家献身精神"的意念。林泱泱从一个科普画页中得到启示,找到了适合芭蕾舞表现的科学家与"光姑娘"双人舞形式。象征着自然力量的"光姑娘",手持两根长长的"光带",在七彩灯光的变幻中忽隐忽现,美丽迷人却又不可捉摸。科学家捕捉、追逐,要征服"光姑娘",可是她在远处是柔曼的杨柳轻风,一待科学家接近时,又变成了不可驾驭的惊雷闪电,施展起"野性"来。但科学家勇敢地与"光姑娘"交战,最后,她像只驯服的绵羊被人的智慧、被科学征服了。光姑娘和科学家产生了"爱情"。科学家将光和热全部贡献给人类。舞蹈将大幅度、强节奏的追扑、躲藏、角逐,和节奏舒缓、轻柔优美的独舞、双人托举等融为一体,以色彩的强烈对比和感情的起伏跌宕,和谐深刻地传导出舞蹈的题旨。在处理具体舞蹈语汇时,有同志曾主张让光姑娘手指戴上发光的道具,林泱泱则想更多地运用芭蕾舞的动作,发挥人体本身的魅力,他让光姑娘用手臂的振动和十指的张合,调动观众的想象共同完成"发光"的形象。美国波士顿芭蕾舞团艺术指导依·维琴尼亚·威廉斯看了这个节目后说:"不用任何解释,我们都看懂了,主题思想好,造型好,音乐好,编舞很漂亮,接近国际芭蕾舞手法。"起先她还有点不相信这个舞是中国人编的呢。《光之恋》参加在大连举行的全国舞蹈比赛,荣获创作三等奖。

1982 年 8 月,林泱泱创作了双人舞《鹿回头》。"鹿回头"的传说,在海南可谓家喻户晓。美丽善良的鹿姑娘向往人间生活,由鹿变成人,与勇敢勤劳的黎族青年相亲相爱,为了解除黎族百姓的灾难,她又毅然由人变成鹿,传说充满人文精神和浪漫色彩。林泱泱为了创作双人舞《鹿回头》,专程赴海南深入生活,登五指山采风黎族舞蹈素材,请黎族舞蹈家教授黎族舞蹈。林泱泱说:"芭蕾的创作不是凭空而来的,最要紧的是不断熟悉、精通古典芭蕾舞,这是编、导、演的基本功底,又要敢于向我国丰富多彩的传统舞蹈伸手采撷,表现中国人的民族性格、思想感情和审美情趣。与芭蕾舞悖然相逆的中国式勾脚放在芭蕾作品里常常起到意想不到的效果,最原始的民间舞结合在芭蕾作品里也往往博得满堂彩声,达斡尔族的斗鸟,黎族的揣脚在芭蕾作品里都获得成功。我很喜欢中国的民间舞和古典舞。80 年代创作的《青梅竹马》双人舞吸取了达斡尔族舞蹈,1982 年的《鹿回头》双人舞吸取的是黎族舞素材,分别参加日本、美国国际芭蕾舞比赛,都是因为具有鲜明、独特的中国特色而博得了国际评委的好评,获得满分。"

双人舞《鹿回头》的创作,正是林泱泱上述思想的有力体现。舞蹈表现了鹿姑娘和黎族青年对爱情、对美好生活的向往和追求。这个舞蹈对演员足尖的技巧和表达情感有很高要求,既要把握鹿和少女不同的形象特点和感情变化,又要找到鹿和少女的内在联系。双人舞《鹿回头》参加在上海举行的第一届华东舞蹈会演时,因其浓郁的民族风格,荣获创作二等奖。

《鹿回头》剧照

1984年10月,林泱泱创作了双人舞《凤凰》。林泱泱想创作《凤凰》由来已久,他认为"龙飞凤舞"。龙和凤,在中国土地上,从远古时代作为神圣的图腾符号直至成为中华民族的特有象征,它们向来就是幻想的对象和观念的产物。在几千年的文学艺术历史中,它们又成了各类艺术大师题文作画、吟歌起舞的对象,其艺术形象和精神形象是何其千姿百态,崇高而又神美。可是芭蕾舞台上从没出现过凤凰形象,他想在创作上有所突破,于是大胆地展开想象的翅膀,着手创作双人舞《凤凰》。

凤凰之舞,这并不像孔雀舞、大雁舞之类可按真实的生活依据去作一些形似(当然也是为了抒情)的表演,而更在于作者的想象。所以与其说是凤凰在舞,还不如说是编导林泱泱感情依托着《凤凰》在奔泻、在飞驰。作为一个7分多钟的小节目,当然无须去表现过于复杂多变的感情。林泱泱说:"我是以火一般的热情和春天般的朝气,去塑造凤凰形象。"

从林泱泱以往编的《鹿回头》和这次的《凤凰》中,可以看出编导擅长以芭蕾舞特有的各种技巧与富有特色的各类民族、民间舞蹈相融合,创造出富有中国气派的芭蕾节目。在吸收中国舞蹈时,能注意到不是简单地用几个动作,而是充分发挥变形美,从神似和韵味中来突出民族风格,而又不失芭蕾特点。林泱泱曾撰文《〈凤凰〉创作甘苦自得知》,详细介绍了创作《凤凰》的艰辛:

《凤凰》剧照

　　《凤凰》双人舞的创作，搞得很艰苦。凤凰在人们心目中是美的化身，理想的化身，但是在舞蹈上却无处借鉴，我国有许多孔雀、鸟、鹰的舞蹈，却唯独没有凤凰的舞蹈。我曾试图将郭老著名长诗《凤凰涅槃》搞成一个双人舞，以祭奠、自焚、更生三段体作为舞蹈的结构。但由于采用双人舞的形式，所能运用的手段有限，包含不了这么大的容量，不可能反映出诗中所含有的复杂内容、磅礴气势和深刻的哲理。在经历了一段痛苦之后，才决定采取只选用凤凰展翅飞翔的形象来比喻祖国的昌盛、富强，中华民族将腾飞于世界的灿烂前景。

　　《凤凰》是一个只有 7 分多钟的双人舞——要参加今年在大阪举行的国际芭蕾舞比赛，按章程规定每个舞蹈不得超过 8 分钟，这个规定给我带来了好处，逼迫我编舞必须精益求精，以最少的时间获得最大的容量，以一当十地使用舞蹈语言来塑造凤凰的形象，在组织舞蹈"造句"上下功夫。尽力使其如古体律诗一般凝炼，又要干净细腻，新颖流畅。越是要精心提供演员发挥技巧的机会，要寻找凤凰能展翅飞翔的形象，越感到功力不济。我看了很多资料、壁画，可以用来展开舞蹈想象的材料很少很少，凤凰总飞不起来，一度我后悔自己的选材，弄得双手沾了湿面粉,甩也甩不掉,欲罢不能。我掉入了三段体结构的陷阱中,为这三段体写的12分钟的音乐纠缠着我,要求作曲家第三次重写音乐,因为预感到没有成功的把握而失去开口提要求的勇气。幸好作曲陈本洪同志是个很随和的合作者,他主动打开僵局、推倒重来,这使我获得了重新结构、重新组织舞蹈的机会。当今在舞蹈创作上是很不公平的,既没稿酬又没名气,搞大舞剧影响大,搞小品的微不足道,偶获成功,也是大加宣传演员,编导、作曲总是无名英雄,大大挫伤了创作的积极性,陈本洪同志的精神就更为难能可贵。一段优美的双人舞音乐,使我得以把一些好的舞蹈重新集中起来并大量地补充新动作,把双人舞推了上去。在芭蕾舞的创作中最难的是编独舞。独舞是刻画人物形象和心理活动的核心,需要一整套经过精选、雕琢而成的动作组成舞蹈的造句。由这许多造句来塑造人物。而搞中国的芭蕾舞,既要像芭蕾又要有中国味,显得新颖、独特。创新的办法之一就是"反其道而行之",才能出其不意。要参加国际芭蕾比赛,首要的是避开国际上流行的时髦的舞蹈语汇和技巧,凡是一眼能看出你出处的动作一概不用。

我认为中国风格的芭蕾有强大的生命力。这次《凤凰》双人舞我吸取了傣族舞,男独舞吸取踢鼓子秧歌给舞蹈增添了生机。女独舞至今还没找到准确动作,就显得薄弱。舞蹈的造句、用词(精选动作)就如写作一样,"推敲"是无止境的,要以"语不惊人誓不休"的精神来深揣细磨。在创作中它占据了我的主要精力,在男独舞中踢鼓子秧歌的手式、舞步,过门槛、劈叉和芭蕾的二位转、空中转结合,加上杨新华的手大脚大,构成了强烈的中国气魄。小舞蹈尤其讲究风格,随着节奏推进,发展一气呵成。不但要有作品的风格,还要显示出作者本人的创作风格,这是每个编导努力追求的目标。我是芭蕾科班出身,芭蕾舞迷,长期来既搞创作又搞教学,对不断增长芭蕾知识大有好处,这形成了我动作流畅,追求美感的个性。创作需要技巧,实践增长才干。创作道路虽然艰难坎坷,但是一旦取得一点进步,所尝到的甘美又是无可比拟的。

1984年11月,双人舞《凤凰》参加在南昌举行的第二届华东舞蹈会演,荣获创作二等奖。

1986 年 5 月,林泱泱创作了双人舞《沉思》,音乐采用的是法国作曲家马斯涅的名曲《沉思》,而舞蹈所要表达的思想,却是林泱泱目睹盲女这个弱势群体的艰辛生活有感而发,林泱泱心想她们也应该得到爱情和快乐,他要为残疾人发出由衷的心灵呐喊。林泱泱曾撰文《〈沉思〉——盲女的爱》,详细介绍了舞蹈创作过程:

> 一次偶然的机会,从上海人民广播电台拿来了法国作曲家马斯涅的名曲《沉思》。我一遍遍地听着这熟悉动听的音乐,乐曲里洋溢静谧的美,那么安静、抒情。编吧! 编个舞蹈,但是,舞蹈的触角伸向哪里呢? 想象的翅膀又朝哪张开?《沉思》的舞蹈就从两把椅子写起。空阔的舞台放着两把洁白的椅子,盲女安静地坐在上面,纹丝不动,随着乐声轻轻奏起,她颤抖着伸出手在前方摸索着。两把白色的椅子带来了安静和孤寂,带来了纯洁,也带来了灵感。空荡荡、孤零零、静悄悄,盲女并不孤单,她遇到好人,有了爱人,在椅子上坐着的青年男子体贴她、理解她,为她献出自己的爱,他轻轻地伸出双手将她从椅子上拉起来,朝前走几步,又静静地站住。再朝前走、站住,青年要将她引向宽广、开阔的大地,引向生活和未来,让她尝到人间乐趣,幸福的甜果。

> 盲人、残疾人在社会上数量不算太少。在我家的对面,高楼中间夹有的棚屋里也住着一位盲女,她并不漂亮,每天我上下班总看见她坐在自家门口,安安静静地坐着,有时还露出淡淡的微笑,她的衣裳既不干净也不合身,且只有二三套,没什么人更多地疼爱她。有一次翻修房屋,忽然看见她身上别了一个写着她名字的字条,这个符号,就标志着她家人对她的一点点爱。又一次我走过去,她竟然叫我帮她卡头发,我伸过手,既没走开,也没自认晦气。

> 残疾人是不幸的,是极少数得到疼爱和欢乐。生活中不大得到的,就在舞台上去创造。在人们的理想中,精神境界中去得到。舞台上能得到的,说不定会推动人们生活中去仿效去得到。美丽的音乐,要用美的演员来体现,让优美的乐句、流畅的舞姿去叩动人们的心,去创造心灵美。爱的情感随着音乐奔泻着,盲女从空中扑向青年,双臂紧紧勾住

他的脖子,把头埋藏在他身上,紧紧地抓住,抓住这幸福的爱,绝不失去。夜越来越深了,青年人睡了,盲女把披巾裹在他身上,依偎在他身旁,用身体温暖着他。爱就这样互相补充,静静地传递着、传递着。

舞台上两把白色的椅子边上还搁着一根红白相间的盲人手杖,我没有用它跳舞,只是搁着,为的是作为符号。以这个舞蹈来献给中国残疾人基金会,这也是作品出来后才想到的。创作往往如此,并不开始什么都想到的,往往开始想到的并不一定就是后来做到的,而往往后来做到的却比开始想到的更多更丰富。

1986 年 5 月,《沉思》参加第十二届“上海之春”演出,荣获创作三等奖。

1991 年 8 月,林泱泱还应美国哥伦布市青年芭蕾舞团之邀,将安徒生童话《卖火柴的小女孩》改编为芭蕾舞剧《奥佩丽》。事情的起因是,1987 年林泱泱作为指导老师,率辛丽丽、杨新华一起赴美参加第二届纽约国际芭蕾比赛,结果辛丽丽与阿根廷选手并列第一,杨新华获男子第三名,这令前去观摩的哥伦布市青年芭蕾舞团艺术指导十分惊讶,并因此邀请林泱泱赴美编一个富于东方韵味的舞剧《卖火柴的小女孩》。《卖火柴的小女孩》在国外尚无人改编过芭蕾舞剧,而国内仅北京舞蹈学院公演过,但手头无现成录像可借鉴。林泱泱首先要解决舞剧的音乐问题,于是,他找上海音乐学院副教授钱苑帮忙。钱苑副教授一口应允,鼎力相助,依据童话反映的背景提供了“圣母玛丽亚”“圣诞俚言”两段音乐,有唱词,并以格里格音乐开头,巴洛克音乐结尾,奠定了舞剧的音乐结构。

编舞时,林泱泱不仅以想象去丰富童话内容,而且对故事情节作了精心设计。如童话中,小女孩的父亲是个背景人物,为了增强艺术感染力,林泱泱把小女孩的父亲置于矛盾冲突中,安排了一段父女双人舞,表现了小女孩同情父亲的痛楚,又不堪忍受父亲责骂的内心感情。1992 年 2 月上旬,哥伦布市青年芭蕾舞团献演了芭蕾舞剧《奥佩丽》。当地媒体称赞舞剧“既有古典芭蕾风格,又有东方韵味,充分展示了中国编导的艺术才华”。

“既然搞芭蕾,就是要遵循这门艺术的法则,不能随心所欲”,林泱泱说,芭蕾舞编、导、演都应该经过严格的训练,要能掌握古典芭蕾的精髓。但是林泱泱深知我国芭蕾要闯入国际芭坛,还需自创一派。1970 年代以来,他先后去日本、加拿大等国,观看了不少令人耳目一新、具有当代世界水平的芭蕾舞节目,得到许

林泱泱应邀赴美，为《卖火柴的小女孩》编舞

多有益启迪。他深知我国芭蕾事业十分年轻，起点低，演员自身条件又有限，如果光学传统跳古典剧目，或是人家时兴什么我们就学什么，只能永远跟在后头。"必须独辟蹊径，搞革新创造"，这也已成为我国芭蕾工作者的共同愿望。林泱泱立志为中国芭蕾的民族化而进行探索。他对艺术的创新有着自己的见解。他说，所谓新，过去未见过的是新，而对另一些民族来说，属于一个民族自己的东西也是新。

有一位日本芭蕾舞评论家说："东方人学西洋剧目怎么跳也不像，每个国家应该走自己的道路。"林泱泱说："是呵，每个民族都有自己独特的性格、气质和感情，为其他任何民族所无法取代，而这些又是和多少年来这个民族独特的生活方式和文化传承紧密相连的。"林泱泱不仅回想起这些年来去边疆少数民族地区采风的情形，想起达斡尔族的罕伯舞，想起海南广为流传的优美民间传说，想起那种种未经修饰和整理的土风舞姿，还有传统戏曲中经过千锤百炼的丰富的表演手段……为我们民族独有的艺术宝藏而神往、激动和骄傲，同时也升腾起义不容辞的责任感：立足于这样丰厚的土壤，有什么理由拿不出自己的硕果来！

从林泱泱参加创作的大型舞剧《白毛女》《苗山风云》《玫瑰》以及一些小节目中，他的艺术创作个性还是引起了舞蹈界同行的瞩目。不少同志谈到林泱泱的编导以抒情见长，编舞漂亮，组合严谨。在以拉威尔的《鹅妈妈组曲》和钢琴组曲为主调编创的《光之恋》中，在依据拉赫玛尼诺夫《随想曲》创作的同名男子独舞中，舞蹈和音乐形象都能完满地吻合相融，从而体现出很深的艺术素养。

林泱泱认为做一个芭蕾舞编导，要具备多方面的艺术素养和生活积累，处处做有心人。看人家节目时，林泱泱常常做笔记，外国专家来团里排节目，他每场必到，一些画册中能见到的优美舞姿造型，甚至某个会议室里的一座雕塑，他也随时临摹下来，经常撷取一点作为自己舞蹈中某个动作的固定点，再往前后伸展，使之"活"起来。

要创作具有世界水平的节目，还需打开眼界。林泱泱对当代艺术新潮流十分感兴趣，觉得现代舞、现代芭蕾动作花妙、幅度很大，节奏强烈，擅长表现激烈的情感，富于哲理意念，符合当代人的生活节奏和审美趣味。在具体创作中，林泱泱也能结合内容需要，吸收一些现代舞语汇以丰富自己，但从不生搬硬套。因此编的节目既有新意，又能让人看懂、理解。林泱泱觉得最重要的学习还是在实践中，从优美的民间传说中，从一首激动过他的诗歌里，都能发现创作素材，并有意识地对各种舞姿形式和不同的风格体裁进行探索。林泱泱正用自己全部的热忱和心灵去感受生活，去表现人类美好的感情。

1997年国庆之夜，上海芭蕾舞团隆重献演大型芭蕾舞剧《梁山伯与祝英台》，这是继经典舞剧《白毛女》之后诞生的又一部新作，给沉寂多年的上海芭蕾舞团创作带来了新的生气。林泱泱特邀两位旅美艺术家，被誉为"艺坛并蒂莲"的李晓筠和刘敦南创作。著名编导李晓筠曾任上海舞剧院院长、上海歌舞团艺术指导等职。三十余年来，她创作的《高山流水》《渔舟唱晚》等作品，以其诗情画意、抒情细腻、充满神韵而名闻遐迩。《梁祝》则是她新的艺术追求的体现，是芭蕾民族化的又一新探索。舞剧音乐由著名作曲家刘敦南谱曲，他创作的第一钢琴协奏曲《山林》，在1981年全国200多部交响乐作品的比赛中独占鳌头，荣获第一名。现该作品已列入全世界华人20世纪音乐经典作品之一。在美国，他相继获得音乐硕士、博士学位，由他谱曲的竖琴独奏《幻想曲》、钢琴三重奏《乐曲五首——为小提琴、大提琴、钢琴而作》以及乐曲《夜曲》等，先后在以色列、美国演奏，受到广泛好评。此次他运用西方作曲技巧和江浙一带民间音乐旋律相结合，谱写了全新感觉的《梁祝》音乐。

为了使舞剧既富于民族风格，又是真正的芭蕾舞剧，李晓筠特邀芭蕾明星辛丽丽为编导助理。艺术总监林泱泱也积极参与编舞,从而更为该剧锦上添花。自7月初抵沪后,李晓筠每天清晨4时起床,编舞至8时,一个多月来,她几乎"闭门造车",既不走亲访友,又不观光游览。除了编舞就是排练,天天要排练到下午4时左右,致使腰也扭伤,痛得动弹不得,但依然坚持排练,因国庆演出迫在眉睫,哪里有时间休息。她动情地说:"我在上海生活了30年,对养育我的土地怀有深厚的感情,人虽然在异国,但我愿为祖国的舞蹈事业尽绵薄之力,何况我对舞蹈又是情有独钟!"

　　舞剧根据家喻户晓的同名民间传说改编,这段千古流传的爱情悲剧曾引发了多少创作者的灵感,并已经催生了至少两个艺术经典——越剧《梁祝》和小提琴协奏曲《梁祝》,这就给编导带来了重重困难。我们可以毫不夸张地说,李晓筠和刘敦南是有勇气和胆略的,他们敢于向"艺术高峰"挑战,这种精神令人钦佩。李晓筠和刘敦南说:"艺术创作能否成功的一条重要原则是,各类艺术形式要发挥其本身的艺术特点,要创作一部成功的芭蕾舞剧《梁祝》,就必须在故事情节的安排上、人物性格的塑造上以及音乐、舞台美术、服装设计的创作上服从于舞剧艺术特性的发挥。"他们也确实在这方面努力实践着。他们不拘泥于原来的故事情节,而进行大胆的再创作,如把越剧的重头戏"十八相送"等情节删去,在编舞的手法上,则把传统的芭蕾语汇、现代舞的表现手法和中国民间舞融为一体,从而赋予古老的民间传说以新的艺术生命。

　　编导发挥了芭蕾擅长抒情的特点,充分运用独舞、双人舞的表现手段,以展示人物的思想感情。第一幕同窗夜读中,当梁山伯伏案而睡,祝英台情不自禁地脱下男装,还了女儿身,那段独舞既表现了英台深切渴望、憧憬美好生活的强烈愿望,又表现了英台害羞、踯躅不前的矛盾心情。继而英台产生幻想,与醒来的梁山伯互诉衷肠,那段双人舞酣畅淋漓地展现了"两情同依依"的绵绵柔情。紧接着通过四季的流逝:春天少女的舞、夏天健男的舞、秋天收获的舞、冬天辞岁的舞来揭示梁

《梁山伯与祝英台》剧照

豪华落尽是真淳 ◆ 艺术评传

山伯与祝英台从若即若离到难舍难分的思想脉络。第三幕抗婚中那段金手镯舞也颇有特色。英台乞求父亲退婚,遭断然拒绝,父亲反将马文才的聘礼金手镯套在英台的手腕上,犹如封建礼教的枷锁套在英台的脖子上,这就意味着英台的悲剧命运。应该说这些都是编导的精彩之笔。

在人物性格的处理上,祝英台在冲破封建势力的罗网上显得更有勇气;梁山伯也不再是个文弱书生,而是富于反抗精神;马文才更不是脸谱化的坏蛋;祝员外除了是封建礼教的卫道者外,还拓展了父女之情。这些人物性格的处理和丰富,增添了舞剧的新意。

当然《梁祝》还不够成熟,舞剧比越剧有所突破,但还没有从根本上突破越剧的框架,有的显得平铺直叙,叙事有余,抒情不足。梁山伯与祝英台的爱情缺乏有层次的、细腻的铺垫,同时祝英台在梁山伯墓前"生为同室亲,死为同穴尘"的思想感情没有充分表现,因而英台撞坟殉情缺乏悲剧的震撼力。

市领导要求对《梁祝》进行修改,慢慢打磨成精品,林泱泱和编创人员广泛听取专家及广大观众的意见,提出了修改方案,但由于李晓筠、刘敦南夫妇远在美国不能来沪,修改的重担就落在林泱泱肩上。为了抓紧时间参加上海国际艺术节演出,林泱泱全力以赴,从舞蹈和舞美两方面下了苦功。林泱泱决定重起炉灶,特邀著名作曲家何占豪先生担任作曲、上海戏剧学院教授曹路生担任编剧,成立以自己为主的创作组。两次赴梁山伯与祝英台故事的发源地浙江上虞、鄞县深入生活,搜集素材,九易其稿,最后定名为《蝶恋》。舞剧充分发挥芭蕾艺术的特长,淡化了情节,加强了梁山伯与祝英台的感情线。剧中三大段不同色彩、不同风格的蝴蝶群舞,不仅使舞剧更加绚丽多姿,而且使不同场景的感情色彩更加浓重,既使舞剧更富可看性,又使舞剧更富于艺术感染力。

林泱泱对《梁祝》进行大刀阔斧的修改,修改幅度达50%以上。对一些重要舞段重新进行了编排,第二幕同窗中,原通过四季的流逝来揭示梁山伯与祝英台从若即若离到难舍难分的感情脉络,由于四季舞蹈瞬息即逝,观众留不下什么印象,后扩大了春天少女的舞,使舞台上更加春意盎然,生机勃勃,从而更衬托出"两情同依依"的柔情。第三幕抗婚中,英台乞求父亲退婚,遭断然拒绝,父亲反将马文才的聘礼金手镯套在英台的手腕上,犹如封建礼教的枷锁套在英台的脖子上,为了深刻开掘梁山伯与祝英台生离死别的痛楚,林泱泱大大增强了一段双人舞的高强度技巧,从而使悲情更加浓烈。

舞美也作了加工提高。第四幕殉情、化蝶的布景重新设计。为了使舞剧更有江南水乡的特色,把舞台两边的沿侧幕换成竹帘;为了符合祝英台书香门第的身份,祝家布置得更古色古香。舞剧于 1998 年 5 月 22 日在上海国际艺术节开幕式上重新亮相,呈现一个崭新的面貌,让广大观众眼前一亮。

第五章

指导比赛

参加国际芭蕾比赛,各国艺术家交流了舞艺,增进了友谊,使世界了解上海,使上海了解世界,通过比赛,能促进中国芭蕾人才的成长,推动中国芭蕾艺术事业的发展。

各国参赛选手,由于地域、文化、心理、思想感情的差异,表演风格截然不同。从各国选手表演的现代节目来看,熔古典芭蕾与现代意识于一炉是很明显的特点。有的选手把古典芭蕾的各种技巧与现代青年的心态糅合得水乳交融,给古典芭蕾注入了新的活力。芭蕾是一门高雅艺术,不是竞技,不要和奥林匹克的体育竞赛混为一谈,芭蕾表演不能只局限于技巧的精湛,芭蕾首先必须显示角色的艺术品位,演员要用心灵去跳舞,因而强调演员对角色的理解及个性化的表演比技巧更为重要。"大鹏出海翎犹湿,骏马辞天气正豪。"人们有理由相信,今日这批有才华、有潜力的新苗,明日定会长成参天大树。

——林泱泱

国际芭蕾比赛历来是青少年选手一展身手的舞台,通过大赛风雨的锤炼,一批新秀会脱颖而出,并在舞台实践中更快地成长起来。芭蕾明星、曾任美国旧金山芭蕾舞团首席演员的谭元元,就曾参加第三届赫尔辛基国际芭蕾比赛荣获少年组第二名,由此一举成名。因此,各国芭蕾舞团均会派选手参加重要的国际芭蕾比赛。对此,上海芭蕾舞团领导也十分重视派选手参加国际芭蕾比赛,在参赛前及参赛过程中,必须有经验丰富的老师进行为期几个月的集训和指导,而林泱泱正是不可或缺的指导老师。上海芭蕾舞团选手参加各类国际比赛,几乎均由林泱泱担任指导老师,先后共有八次,每次都争金夺银,为祖国赢得了荣誉。

1980 年汪齐风、林建伟参加在日本大阪举行的第三届国际芭蕾比赛,这次比赛虽然林泱泱不是指导老师,但林泱泱创作的双人舞《青梅竹马》却成为他们参加比赛的自选节目,并因其浓郁的民族风格而获得高分,由此,初入沙场的新手汪齐风,终于在由21个参赛国家的44对选手中拿到一个名次,荣获三等奖,这是中国芭蕾演员第一次参加国际芭蕾比赛,也是第一次争得国际芭蕾比赛奖牌,实现了中国芭蕾史上零的突破,这份荣誉也有林泱泱的一份功劳。

　　1982年,团里准备选派汪齐风、林建伟参加第二届美国杰克逊国际芭蕾比赛。林泱泱为他们从严集训三个月,每天六小时的基训排练,既要排两个古典节目《唐·吉诃德》《艾斯米拉达》,又要排练两个创作节目双人舞《鹿回头》《情波》,其中,《艾斯米拉达》这个双人舞,有人认为像绘画中的工笔画,要求动作、舞姿、技巧、节奏的高度准确性,特别是技巧难度高,因而,一般芭蕾演员望而却步。但林泱泱认为"这个双人舞有利于发挥男女演员的个人技巧"。6月,汪齐风、林建伟作为少年组选手赴美参加在杰克逊市举行的第二届国际芭蕾比赛,这次有17个国家的88位选手参加角逐。飞抵大洋彼岸,面对眼花缭乱的花花世界,汪齐风无心浏览,立即投入紧张的排练。两年中她长高了一点,可依然是那么瘦弱娇小,不过,只要留心观察就不难发现,她显得成熟了,圆圆的脸盘上已看不到烂漫的孩子气,那双又黑又亮的眼睛里闪烁着深沉的光芒。两年中,她有过一段生死搏斗的经历。从日本回来,小汪发疯似的开始了新的训练,什么动作最难,她就盯住什么动作不停地练。每次训练下来,人总是像从水里捞起来一样。1981年春天,小汪接受了饰演芭蕾舞剧《雷雨》中四凤这个角色的任务。这是她第一次自己塑造角色,然而就在这时,腰部劳伤突然发作,仿佛有人用一把利锥不断地猛戳她的腰椎骨。本来柔软无比的腰肢,痛得无法弯下来,连走路也感到不舒服。她只能去找医生,医生的诊断几乎使小汪从头冷到脚:腰椎骨折变形,至少要休息半年;假如病情恶化,有可能导致下肢瘫痪,那就得改行。小汪仿佛被雷击中了,半天没说出一句话,一阵不可抑制的震颤,蓦然掠过她的心。要知道,要她改行,要她离开挥汗如雨的练功房,离开旋转自如的舞台,离开朝夕相处的舞友,那真比死还难受! 她含着泪水恳求医生想法治疗,团领导及时关心鼓励她,并带她四处求医,终于上海体委的一位名医的诊断给了她一丝希望:"如果继续训练增强腰肌力量,一面积极治疗,有可能使病情相对稳定。但是,也可能使病情恶化,加速导致瘫痪。"这是一丝蒙着可怕阴影的希望,可对汪齐风来说,这简直就是茫茫沙漠中突然发现绿洲,医生那个"但是"后面的话,她一句也没有听进去。为了心中的理想,为了中国的芭蕾事业,她豁出去了! 每天一清早到医院理疗,然后匆匆赶回地处西郊的芭蕾舞团,医生明确告诉她,暂时不能做下腰动作,但为了恰如其分地表现四凤矛盾痛苦的心情,她忍痛做"乌龙绞柱"的翻滚动作,地板上留下了汗迹斑斑……当时,林泱泱也心急如焚,赛期越来越近,林泱泱也担心汪齐风能否如期参加比赛。

小汪以惊人的毅力克服伤痛,加紧练习,按原定计划参加了在美国进行的比赛。

第一轮比赛小汪还是跳《唐·吉诃德》双人舞,她跳得多好啊! 古典芭蕾的典雅悠闲与热情奔放的西班牙风格被她熔于一炉。收时,纤细、灵巧;放时,舒展、明丽。在那段节奏跳跃、明快的变奏中,那良好的肌肉控制力,使她变成了翩翩欢舞的鸿雁;在双人舞中,她在舞伴的手中又化成了一缕轻烟、一束蝉纱。最令人叫绝的是,她出色地完成连续三次单足尖舞姿的脱把控制,引起全场轰动,鼓掌达 20 余次,结果她的得分不仅在少年组里名列榜首,而且也盖过了整个男女成年组的最高分。第二天的美国报纸以显著地位登载了中国选手精彩表演的消息:"中国选手表演的《唐·吉诃德》是第一轮比赛中的高潮。"小汪一下子成了新闻人物,美国杰克逊芭蕾舞团台柱、参赛选手凯蒂小姐紧紧握住小汪的手表示热情的祝贺,连凯蒂的外祖母也诙谐地对小汪说:"幸好你分在少年组,如果在成年组,我的外孙女肯定比不过你。"

第二轮比赛小汪表演了创作剧目《鹿回头》双人舞,小汪出色的表演使美国观众如痴如醉,结果小汪的积分依然名列榜首,成功在望! 可是,正当她满怀信心准备参加决赛时,舞伴却发生了意外和变故——他出走了,这真是晴天霹雳。谁也没有想到会发生这样的事故,林泱泱心里很着急,但很快冷静下来,既要做好小汪的思想工作,更不能有失国格。小汪也意识到这是一场特殊的考验,她要在这场考验面前,让祖国和人民放心。她隐藏起了自己的委屈,脸上依然是那样的平静、沉着。她在各国选手面前,继在舞台上树起一个令人称赞的舞蹈形象之后,又在舞台之外,表现出了处惊不变、沉着镇定的豁达气度。她虽然失去了夺得比赛金牌的机会,但她却以出色的答卷夺得了"祖国"这块"金牌"。

评委们也感到遗憾,他们深深地为汪齐风惋惜,若不给汪齐风得奖,实在太不公平了。经临时协商,决定请小汪在获奖演员表演专场中表演一段独舞,并增设一个"优秀演出特别奖"给她。一位评委把"优秀演出特别奖"送到小汪手中时,含义深长地说了这样一句话:"你才是中国的形象。"

1984年,林泱泱指导汪齐风、王才军参加第一届巴黎国际芭蕾比赛。这次比赛有三个不同,一是芭蕾虽然起源于文艺复兴时期的意大利,却是在法国才真正确立为一种独立的艺术形式,因而人们常把法国誉为芭蕾的故乡,法国观众对芭蕾表演的要求会更高、更严苛;二是汪齐风的舞伴换成中央芭蕾舞团主要演员王才军,两人更需要认真磨合;三是参赛节目除了《唐·吉诃德》双人舞外,其中一个节目是《吉赛尔》双人舞,这已成为国际芭蕾比赛的规定节目。两个节目反差很大,前者热情似火,后者抒情典雅,又是新排节目,首次参赛,对男女演员要求很高,是一段重头戏。怨魂吉赛尔与公爵阿尔伯特在墓地相会的情景,男演员需要屈臂托举,这比直臂托举更吃力,吉赛尔又是飘忽不定的幽灵,还要求男演员动作要飘逸洒脱,托举要轻若行云,才能与吉赛尔身份相吻合;而作为幽灵的吉赛尔则需要轻捷的脚尖碎步、酸楚的离别之情、飘然而起的托举、落地无声的跳跃。因而林泱泱在集训期间对他俩更是严上加严,"不是一番寒彻骨,怎得梅花扑鼻香"。林泱泱每天提前来到练功房,既为他俩排练双人舞,使之配合默契;又要对新节目的每个动作、技巧及表演反复细抠,直至完美才罢手。一天下来,林泱泱精疲力尽,拖着疲惫的脚步回家,床上一躺就酣然入睡了。

1984年11月6日,华丽的巴黎香榭丽舍剧院,参加第一届巴黎国际芭蕾比赛的中国选手马上要登场了,小汪虽然参加过在日本和美国举行的两次比赛,但这毕竟是第一次来芭蕾故乡参加国际比赛呀!何况参加这次比赛的有17个国家的45名优秀演员。

随着富于浓郁西班牙民族风格的乐曲声起,小汪胸有成竹地翩翩起舞,她和中央芭团王才军表演的《唐·吉诃德》双人舞,恰如其分地把握了舞蹈热情奔放洒脱的风格。她连续做三次单足尖站立,稳如泰山,舞姿优美,像一只凌空展翅奋飞的燕子,台下沸腾了。小汪却匆匆跑到后台,一位法国医生紧随着她,林泱泱也赶紧跟了过去。只见小汪脱下的脚尖鞋,渗透了殷红的鲜血,医生急忙给她换纱布搽药。原来,小汪出国前因排练过分劳累,右脚拇趾磨破,痛得像针在刺,连鞋子也不能穿,平时只好穿拖鞋。因比赛迫在眉睫,时间不允许她休息,她就包一块纱布,咬紧牙关坚持排练。飞抵巴黎后,伤势更严重了,为了祖国的荣誉,岂能不奋进搏击!林泱泱很心痛,关心地问小汪:"能否坚持?"小汪肯定地回答:"能!"林泱泱也就放心了。当小汪表演单足尖站立动作时,全身的重量都汇集在这只受伤的单足尖上,该要忍受多么剧烈的疼痛和要有多么顽强的毅力呀!难怪评委主席、法国首屈一指的芭蕾明星肖维雷女士称赞汪齐风是一位"勇敢的姑娘"。

稍作休息,小汪和王才军又表演第二个节目《吉赛尔》中的双人舞。这个舞蹈和《唐·吉诃德》双人舞的风格迥然不同,小汪和小王的表演典雅、抒情、轻盈,把人们带到一个梦幻似的仙境之中。演出结束,评委、评论家、演员簇拥到后台,围着小汪赞不绝口:"你们同时跳两个截然不同风格的舞蹈很不容易,这次没有人像你们这么大胆。"一位在法国留学的新加坡华侨向小汪奉献一束鲜花,并激动地说:"我们都是中国人,你们在台上的精彩表演,使我们坐在台下的华侨也感到很光荣、很自豪!"

11月9日进入决赛,只剩下六对选手。小汪的脚拇趾和小趾依然如故,而且小腿经常发酸,这是腰部旧病复发压迫神经所致。可是小汪全然不顾病痛,心里只有一个念头:为祖国的荣誉而拼搏。林泱泱在侧幕旁也鼓励小汪要最后拼搏,要给芭蕾故乡的观众一个惊喜。于是小汪敷点新药,缠着纱布又精神抖擞地上场了。他俩表演了《巴黎圣母院》片段《艾斯米拉达》双人舞。舞蹈难度大、技巧高、体力消耗多,小汪和小王的表演舒展自如、刚柔相济、真纯质朴、配合默契,最后荣获双人舞特别大奖——巴黎歌剧院发展协会奖。进入决赛的六对选手,除了一、二名外,只有中国选手获得这个殊荣,因而在芭蕾故乡产生了轰动效应。

1984年,林泱泱指导杜红玲、杨新华参加日本大阪第四届国际芭蕾比赛,依然对他俩进行为期三个月有余的严格集训。林泱泱一心扑在集训上,起早摸黑,结果累得病倒了,仅休息一天,第二天又早早来到练功房,若无其事地为他俩排练,令杜红玲、杨新华很是感动。凡国际比赛均要求参赛选手既要表演古典芭蕾节目,又要表演新创的芭蕾节目,此次小杜、小杨将先后表演古典芭蕾双人舞《黑天鹅》《海侠》《吉赛尔》以及林泱泱新创的现代芭蕾双人舞《凤凰》。

10月,小杨和小杜踏上比赛征程,来到日本大阪。这里云集了苏联、法国、美国、南斯拉夫等22个国家的33对优秀选手,其中苏联选手都是功勋和人民演员,预示着将有一番激烈的角逐。

比赛于10月2日在原生年全会会馆揭开战幕。小杨、小杜在舞台侧幕静静地候场,心却怦怦跳得厉害,这毕竟是第一次参加国际芭蕾舞比赛!他俩不约而同地对视着,伸出双手紧紧地握着,互相勉励说:"要沉着、要拼搏!"心跳的节奏似乎放松了,林泱泱也在侧幕旁鼓励他们:"不要紧张,要有信心!"随着乐曲声起,"天鹅""雄鹰"自由地在台上展翅翱翔,他俩表演的《黑天鹅》双人舞,不仅出色地完成了各种规定技巧,而且把王子和黑天鹅迥异的性格展示得栩栩如生,连评委也按捺不住内心的激动,情不自禁地叫好起来,致使评判长不得不做出特殊规定,演员在表演时,评委不准表态叫好。第一轮小杨、小杜得238分,名列第九。初战告捷,他俩对第二轮比赛满怀信心,表演了《海侠》双人舞,舞姿优美、舒展自如、动作规范、配合默契,剧场不时爆发出阵阵掌声,评委认为"中国选手有相当高的水平",结果得227分,与美国选手并列第五。

正当决赛迫在眉睫,小杨在排练双人舞时,不慎右臂关节挫伤,一用劲,就疼痛难受,而小杜也因连续作战,右脚脚趾磨起的血泡破裂,但这是为祖国荣誉拼搏的最后时刻,个人伤痛算得了什么? 林泱泱心里很着急,忙着为他俩请医生敷药,他俩依然抖擞精神,披挂上阵。进入决赛的选手只剩下十二对,中国和苏联并驾齐驱,各占三对。小杨、小杜始则表演《吉赛尔》一幕双人舞,继而表演林泱泱创作节目《凤凰》双人舞,以其浓郁的民族风格而引人注目。尽管他俩尽了自己最大的努力,跳出了自己的风格和水平,但遗憾的是因《吉赛尔》版本陈旧,仅差2分,双人舞未能获奖。不过,令人欣慰的是,小杨因舞姿健美、技巧娴熟、动作潇洒、感情真挚,荣获男子个人优秀表演奖。一位1930年代就从事舞蹈事业的英国老资格评论家说:"中国选手的表演富于浪漫色彩,又具有古典美。"

小杨登上领奖台,白净的脸上稚气未脱,显得十分腼腆,当他捧着奖状,竟然热血沸腾,热泪盈眶。雄鹰初展翅,腾飞更有期。返沪后,林泱泱冷静地进行了思考:"这次因版本太旧而失利,今后要吸取教训,要多看、多学习世界各国芭蕾发展创新的现状,不断充实丰富自己,才能使中国芭蕾在世界芭蕾之林立于不败之地。"

1985年,林泱泱率汪齐风、杨新华参加第五届莫斯科国际芭蕾比赛。林泱泱知道莫斯科国际芭蕾比赛是世界最高水平的比赛之一,每四年举行一次,本届比赛集中了许多近年舞坛上涌现的强手,其竞争之激烈会超过以往任何一届,由25国推派的33人组成的评委团中,除了尤里·格里戈罗维奇(苏联)和罗伯特·乔夫雷(英国)、玛丽娅·克西林柯芙斯卡(波兰)正副评委长外,还有乌兰诺娃、谢尔盖埃夫等苏联昔日著名舞蹈家,这也从另一个侧面反映了这一比赛的水准。因此,林泱泱在赛前集训时,反复强调的是"参赛的过程也就是学习的过程,

'始知五岳外，别有他山尊'，要以谦虚谨慎的态度，向世界各国强手学习，'学海迷茫未有涯，何来捷径指褒斜'，获奖与否，都是千载难逢的机会"。

莫斯科红场留影

莫斯科国际芭蕾比赛于6月12日至29日举行，共有24个国家的94名演员角逐金奖。其中苏联24名、美国2名、日本13名、中国7名，参赛演员中，有6名曾先后在国际芭蕾比赛中获过奖。进入第三轮的24名选手中，苏联占了一半。最后有8个国家的18名演员获奖，获奖的7名女演员中，苏联占了5名，整个东欧，只有捷克的一名演员获三等奖，日本的森本由布子获银奖。中国2人获奖，1人获鼓励奖，汪齐风、杨新华获第二轮比赛奖状，未能进入第三轮。

中国代表团去莫斯科赢得了友谊，获得了赞誉。林泱泱说："中国人到莫斯科像火柴一样，点燃了一把火，燃烧了苏联人民的极大热情。"中国代表团到莫斯科芭蕾舞学校去练功，他们特意给了一个教室，男女更衣室各给了一个。到大剧院去走台，他们也提供方便，舞台监督也给予积极配合。他们热情地说："你们早就该来了。"中国代表团的演出，赢得了苏联观众的阵阵掌声，他们伸出拇指，连连称赞，不少人要求签名留念。

中国的芭蕾，对苏联震动很大。苏联人民演员、著名编导列辛斯卡娅听到中国演员在大剧院走台的消息后,总是兴致勃勃地赶去看。她称赞汪齐风跳得好、力量强,脚尖稳定好;杨新华到休息厅喝水,她看到后,马上买了巧克力送给小杨,这使在座的日本朋友都十分惊讶。她觉得中国的芭蕾有自己的风格,吸收了俄罗斯的,也吸收了各国的长处,这条路是成功的。林泱泱介绍比赛情况时说:"比赛的剧目除了为大多数选手采用的《唐·吉诃德》和《海侠》双人舞外,还出现了诸如列宁格勒基洛夫芭蕾舞团谢尔盖·维哈列夫所表演的《肖邦集锦》中的玛祖卡那样的静态性作品,这种在赛场上的大胆挑战精神赢得了与会者的赞赏。与历届比赛一样,无论在选手、评委和获奖者中,苏联人在数量上都占据了绝对的优势,尽管如此,还是出现了一些出人意料的情况。其中最为引人注目的是阿根廷的弗里奥·保加,他那速度飞快的旋转和犹如在空气中浮动的跳跃成了人们热烈议论的话题。日本的森本由布子以其出众的技巧震惊了整个赛场,被认为是'最有希望夺魁的呼声极高的新秀'。"最后林泱泱认为,我国演员旋转、弹跳还是存在着差距的,此外在参赛前准备仓促,比赛信息也迟钝,这对夺取金奖带来了不利影响。如果我们参加国际比赛经验日积月累,如果我们不断完善现行的教学、训练体制,可以预见,登上世界芭坛顶峰、摘取金奖的日子肯定是不远了。

1986年,林泱泱指导辛丽丽、杨新华参加保加利亚第十二届瓦尔纳国际芭蕾比赛。保加利亚瓦尔纳国际芭蕾比赛是历史最久、声誉最高的国际芭蕾比赛之一。始于1964年,原定每年举办一次,自1966年起改为每2年举办一次,先后由苏联著名舞蹈家乌兰诺娃和罗维奇任评判委员会主席。这是辛丽丽首次参加国际大赛,杨新华却是第三次参加国际大赛,虽然两人参赛的心态不尽相同,但都十分珍惜能参加这么高水平的比赛,所以在林泱泱的悉心指导下,都十分努力,刻苦排练,既排练古典芭蕾双人舞《吉赛尔》《海侠》,又排练新创现代芭蕾舞《拂晓》《沉思》。白天排练参赛节目,晚上还要参加团里演出,艰辛是可想而知的,但谁也没叫一声苦。

7月,飞赴保加利亚瓦尔纳参赛。不巧,辛丽丽抽签为第一号,选手一般不喜欢第一个登台比赛,因而辛丽丽、杨新华一下子成了记者追逐的新闻人物,他俩心里不免有些紧张,因为要第一个登台献技。他俩表演的是《吉赛尔》双人舞,虽然未发挥最佳水平,但还是很好地把握了舞蹈抒情典雅的神韵,观众反映热烈,行家称赞"中国芭蕾已进入世界一流水平的行列"。

第二轮,小杨、小辛表演《海侠》和富于民族特色的《拂晓》双人舞。小杨在《海侠》中发挥十分正常,技巧完成出色,旁腿转全是双圈,连续转了10个,整个比赛中还未见有第二个选手能与他匹敌,因而在观众中掀起一个高潮。当小杨跳完变奏,由小辛表演单腿转时,他居然听不见播放的音乐,因为被震耳欲聋的掌声淹没了。第三轮他俩表演了《唐·吉诃德》和林泱泱创作的《沉思》双人舞,小杨、小辛早已暗暗下了决心,"一切为了决赛,准备最后拼搏"。小辛发挥尚属正常,而小杨的精湛表演证明他已达到最佳竞技状态,腾空跳跃,举足若轻,富于弹性,各种旋转,轻巧快捷,干净利落,几乎每一个动作都博得暴风雨般的掌声,观众狂热地欢呼,报幕员的报幕多次被打断,小杨连连出场谢幕,仍欲罢不能,当他坐到观众席上时,依然掌声雷动,连他到餐厅吃夜点,各国选手们也会情不自禁地鼓起掌来。

但比赛结果大大出乎人们的意料,小杨榜上无名,没有获奖,大家交头接耳,议论纷纷。不过评委会决定,在发奖大会上准备给小杨颁发"优秀演员"奖状。小杨静静地坐在主席台上,当评委会主席报出杨新华名字时,全场顿时沸腾了,掌声似山呼海啸,小杨欲坐不能,谢幕达8次之多,足足在台上站了一刻钟,仿佛置身在波涛翻滚的海洋中,内心的激动无法名状,眼泪夺眶而出,坐在台下的中国选手也是个个闪着晶莹的泪花。小杨感到这是观众在为自己鸣不平,于是他灵机一动,把献给他的鲜花全部撒向观众,从而使观众的狂热达无以复加的地步。一位评委对小杨说:"尽管你没有获奖,但观众经久不息的掌声就是给你的最高奖状,这种崇高的荣誉是其他选手享受不到的。"翌日,保加利亚报纸刊登了一篇盛赞小杨的文章,文中写道:"杨新华表演的《唐·吉诃德》一出场犹如金钱豹下山那样凶猛,富于男子气质的独特美,在场观众用掌声投了杨新华的票,观众才是真正的评委。"

1987年,林泱泱指导辛丽丽、杨新华参加第二届纽约国际芭蕾比赛。美国纽约国际芭蕾比赛是世界规模最大的国际青少年芭蕾舞比赛之一。第一届纽约国际芭蕾比赛于1983年举行。该比赛以发现优秀的青少年芭蕾舞者为目标,向17—24岁的优秀舞者开放。辛丽丽、杨新华能有幸再次参加国际芭蕾比赛,心里有说不出的高兴,尽管嘴上没说要拿奖,内心都不约而同地想着:"团里这么培养我们,无论如何要争取拿个奖,方能不负众望。"于是他俩排练格外卖力,林泱泱也丝毫不放松。

1987年五一节休假那天上午,辛丽丽原来约好与杨新华一起练双人舞,她匆匆赶到团里,不巧,小杨临时有事,双人舞练不成了,只好独自练功,因她忘带手表,下午又要赴万体馆演出,就到宿舍里借了一只闹钟,以免误场。当她走进空荡荡的练功大楼,突然有一种从未有过的、莫名的孤寂感。这也难怪,一个芭蕾演员的生活实际上是很清苦、单调乏味的,并不是人们想象的那么养尊处优,有人开玩笑说:"像在修道院里生活。"除了每天练功,就是排练演出,既没有逛迪斯科舞厅的闲情,也没有上音乐茶座的闲致,连走亲访友的空暇也难得。傍晚几乎都是拖着疲惫的身躯踏进家门的,在家里不是听听音乐,就是看看电视,或者翻翻杂志,眼睛就不由自主地合拢了。芭蕾演员过的正是这种千篇一律的生活,只有当他们沉浸在芭蕾之中,生命才显得充实,生命才富于意义。而如今宽敞明亮的三层练功大楼却孤身一人,这一瞬间的孤寂感就油然而生。可是当小辛按下录音机的开关,响起基训音乐时,孤寂感顿时成了过眼烟云,因为芭蕾就是她的生命。为了参加第二届纽约国际芭蕾舞比赛,她暗暗下了狠心:"今年恰逢兔年,自己属兔,应该拿个奖回来。"于是她每天泡在练功房里,在林泱泱老师指导下,对每个舞姿、动作、表情反复揣摩、精雕细琢,整天大汗淋漓,累了就躺在长凳上喘喘气,直到傍晚才拖着疲乏的脚步离开练功房。那年4月至5月中旬,上海芭蕾舞团赴四川成都、自贡、重庆等地巡回演出,为了增加运动量,她和舞伴杨新华每场演出准备参赛的二至三个节目,尽管脚肿皮破,左脚跟腱劳伤,她仍然坚持连演二十八场。杨新华也日夜苦练,虽然春寒料峭,但他整天挥汗如雨,实在累了,就躺在地板上闭目养神,片刻又翩翩起舞。一次脚趾挫伤,红肿疼痛,连鞋子也不能穿,干脆就赤脚练。为了增强手臂和腰的力量,他天天见缝插针练举重和仰卧起坐,手酸腰痛不间断,在低谷盘旋一阵的雄鹰准备向长空冲刺了。

　　6月抵达纽约后,由于连日劳累,加上气候干燥,小辛牙痛耳痛,还发高烧,但她依然白天在练功房龙腾虎跃,晚上在宾馆里反复听音乐,比画舞姿。临比赛前,当著名芭蕾艺术家戴爱莲先生把小辛介绍给因主演《吉赛尔》而享誉世界的芭蕾大师伊娃时,伊娃热情地握着小辛手说:"你有艺术家风采,祝你幸运!"每当吃中餐时,桌上总放着一盒"幸运饼",小辛好奇地吃过两只,两只饼中都夹着纸条,上书"一生中的愿望就要实现了""人生的转折点"。但小辛深深懂得,幸运不是靠上帝的恩赐,只有不断奋斗的人,幸运才会降临。

　　此次比赛分四轮,每人跳的双人舞均是规定节目。赴美前已知道规定节目中有《天鹅湖》双人舞,其他三个均是未知数。抵纽约后,才由美国教师临时亲授,第一轮规定跳《天鹅湖》双人舞,这段舞蹈允许选手选用不同版本,小杨和小辛虽然选用列宁格勒的老版本,但难度最高,由于美方提供的音乐较快,原舞的技巧很难集中,为此在赛前训练时,林泱泱进行了加工,突出奥杰塔与齐格弗里德的爱情表演,使舞蹈既有难度,又加强了抒情性。因为这段舞蹈的重头戏在女演员身上,在排练时林泱泱专门为小杨开"小灶",加强小杨的色彩,因而在表演时能相得益彰。小杨精力非常集中,技巧发挥和心理状态都很稳定,结果他俩双双获得第一名,一些评委称赞他们完成得最完美,表演非常细腻,真叫人意想不到。

第二轮跳的是《花节》双人舞,这段舞技巧性不高,但要求演员善于自我控制,而小杨是个技巧性演员,表演抒情性舞蹈稍逊一筹,因此落到第三名。而小辛仍保持第一。第三轮要求演员表演美国舞剧《蓝色的多瑙河》中的双人舞,花了整整两天的时间,舞蹈本身并不难,主要考验演员接受不同风格的适应能力,也检验演员的塑造能力。结果他俩把这段表现军官和女郎在花园中幽会的舞蹈完成得异常出色。这一轮还要求跳一段变奏,小杨表演了《唐·吉诃德》第三幕双人舞中的男子变奏,这段变奏对小杨来说,虽然尚未达到炉火纯青的地步,但也可以说是驾轻就熟了。殊不知命运好像在故意作弄他,在腾转落地时竟然连摔两跤。小杨毕竟是个有经验的演员,并未因摔跤而影响其他技巧的发挥,而且观众对他也很同情,他摔倒时,台下一片惋惜声,爬起来再跳时,一片热烈掌声。最后一轮规定跳苏联版本的《胡桃夹子》双人舞,而过去小杨跳的是美国版本,同时小杨似乎没有从失误的阴影中摆脱出来,力求稳当,动作显得有些拘谨,结果屈居古巴、阿根廷选手之后,获男子第三名。尽管如此,有见地的美国报纸却评论说:"杨新华是个卓越的演员,将来很有希望跻身世界著名芭蕾舞演员之林。"

到了最后一轮,小辛大概是想前三轮一直保持第一名,无论如何不要在最后出差错,所以动作做得很保守。这一轮跳的《胡桃夹子》是苏联版本,过去他们跳的都是美国版本,这是一个抒情与技巧相结合的纯古典芭蕾。由于版本不熟悉,她就力求稳定,动作不敢用力。致使阿根廷女演员的分数急追而上,相差极微,评委决定不设金奖,小辛和阿根廷女演员同获银奖,并列第一。

林泱泱总结此次比赛时说:"这次比赛,辛丽丽得第一名,坦率地说,出乎意料。辛丽丽在芭团担任一线演员才一年多,经验可以说不很足。但她是一个抒情性演员,和这次比赛节目偏重抒情风格正好对路。另外,我们的演员基本功扎实,这也是有利因素之一,有一些国家的演员虽然多次参加比赛,也有相当长的演出历史,但往往就在基本功上吃了亏。第三,我们的演员对节目有一定的积累,临到学习时,可以将原先的积累调动起来,占了便宜,而像美国的选手有的刚从学校毕业就参赛,第一轮就遭淘汰。当然比赛也暴露了我们的不足。比如演员的适应力和控制力还需加强,情绪还需更稳定,思想还应更放松一些等。特别是表演上还有待于提高,古巴、阿根廷、奥地利等国的男演员在气度、爆发力、控制力等方面均十分出色,很值得我们学习。另外像民主德国的选手在现代舞中的表现,体现了芭蕾演员应具备的多种表演素质。"

1988 年初,林泱泱指导施惠、张利参加法国乌尔吉特市第七届古典舞蹈(芭蕾)比赛。施惠、张利是第一次参加国际芭蕾比赛,但两人的情况有所不同,客观地说,从表演和技巧来说两人是有所差异。施惠、张利均是上海市舞蹈学校1979 届毕业生。论专业条件,施惠可算是团里的佼佼者,他潇洒俊美,弹跳出众,富于爆发力。在排练《罗密欧与朱丽叶》选场时,施惠饰演罗密欧,这是上海芭蕾舞团第一次把莎剧搬上芭蕾舞台。其中罗密欧与朱丽叶两段双人舞难度高,托举多,幅度大,而施惠却演得光彩照人。有人说施惠擅长演古典芭蕾,而事实是他演创作节目也毫不逊色。他曾在上海芭蕾舞团创作的大型舞剧《阿里巴巴与四十大盗》中成功塑造了阿里巴巴形象。在第十二届"上海之春"音乐节,施惠参加了上海芭蕾舞团风格迥异的四个节目的演出,刚柔流畅的现代舞《网》、壮阔深沉的群舞《土风的启示》、抒情细腻的双人舞《沉思》、热情奔放的《辉煌的快板》。但他却准确把握了四个舞蹈的不同风格,赢得同行和观众的交口称赞。

张利原是个"名不见经传"的舞蹈演员,凭着自己坚强的毅力和吃苦耐劳的精神,才逐步成长为一个出色的演员。1979 年,她刚分配到上海芭蕾舞团,第一次参加《天鹅湖》一幕三人舞的演出,不巧,第一场演出右脚就扭伤,肿痛不能动弹,她急得潸然泪下,可是第三天她就咬牙忍痛上场了。参加独幕舞剧《天鹅情》的排练,使她第一次有机会学习双人舞。舞剧以双人舞形式着力表现女主人公热恋时的欢欣、受伤时的痛楚、结婚时的幸福心情,演员一口气要跳二十几分钟的舞。整整一个月,张利就一天三班地练,清晨,练功镜映着她矫健的身影,夜晚,练功房地板上留下汗水斑斑,终于把女主人公高尚的情操、美丽的心灵展现在观众面前。在华东六省一市舞蹈会演中,她以朴实无华的表演荣获表演二等奖。继而,她和青年演员钟闳接受了排练《白蛇传》选场《合钵》的任务,分饰白素贞和许仙,起先两人配合始终不能得心应手,张利几次从钟闳手上滑下来摔在地上,腰和腿都摔痛了,钟闳感到十分内疚,不好意思多练托举,可张利笑着对他说:"要学会一种技巧就得多练,就得吃苦,不要紧,再来一遍。"钟闳望着张利坦诚的面容,感动得说不出话来。为了恰如其分地表现白素贞合钵时心似刀割的凄苦和挣扎,需要演员在象征"钵"的圆铁把杆(直径 3 米,高 1.5 米)上做吊腰及站在圆铁把杆上做后软翻动作。张利腰有老伤,吊腰时演员手脚腾空,腰是吊在圆铁把杆上的,压得老伤痛不堪言,以致后背半边肌肉僵硬,做后软翻时,摔得身上青一块紫一块,可她没有半句怨言,最后白素贞的形象跃然台上。

根据施惠和张利的实际情况,林泱泱着重在双人舞配合默契上下功夫,又要对每个人表演的变奏细抠。正值新春之际,大家都在欢欢喜喜迎新年,他们却在练功房苦练,谁也不敢懈怠。这次赴法国比赛前,施惠、张利也着实下了一番苦功,为了集中精力排练参赛节目,施惠干脆从温馨的家庭搬到团里住,这样两人就日夜苦练,连星期天也不休息。

早春二月,法国西部的乌尔吉特市景色宜人,第七届古典舞蹈(芭蕾)比赛正在这里举行,有中国、瑞士、匈牙利、日本、比利时等 7 个国家的 80 多名优秀选手角逐金牌。其中就包括代表中国参赛的施惠和张利。

不想临行前,施惠突然腹泻、发烧,张利也累得明显消瘦。抵北京后,施惠食欲不佳,一天半只吃了四只水饺。在飞往沙特阿拉伯的飞机上,他粒米未进。而张利也突然休克,同机的中国国家游泳队医生马上进行急救,原来是劳累过度而虚脱。到达法国乌尔吉特市后,施惠就卧床不起,发烧 38℃,每天最多吃半只苹果,喝几瓶矿泉水,只得送医院检查。乌尔吉特市市长是个医生,对中国选手非常热情,亲自赶到医院会诊,要施惠留院观察输液。见此情景,我国驻法国大使馆文化参赞无可奈何地下命令了:"不要参加比赛。"施惠一听,心里像浇了一盆冷水,文化部外联局杨红同志把参赛报名单退给他,安慰说:"留个纪念吧!"他拿着报名单像拿着一份判决书,心里涌起一阵酸楚,眼泪滚了下来,十几年的艺术生涯,梦中几次在国际赛台上与各国选手一试高低,如今机会真的来了,却不能展翅高飞,心真像针刺般难受,他含着热泪恳求道:"我已经 25 岁了,这样的机会可能对我来说是最后一次了,能否让我拼一下?"参赞望着施惠坦诚的面容一言不发,林泱泱也为施惠求情,还是杨红出了个缓兵之计:"听听医生意见,让医生决定吧！"

事有凑巧，为施惠治疗的女医生是个芭蕾迷，女医生也说得很干脆："从我们医生职责来说不能同意你参加比赛，根据目前状况，若你能进行比赛，那将是个奇迹。从感情上说，我也希望你有参加比赛的机会。"于是杨红说："明天到剧场后视情况再定。"这一夜施惠几乎是通宵未眠，不知明天等待他的将是什么命运。翌日（2月7日）施惠早早地醒了，连忙起身穿好自己的服装，并硬着头皮吃了点苹果、面包。等到杨红把他接到赛场时，离比赛还有半小时。

张利抵达法国后，当她目睹施惠病得这么厉害，急得像热锅上的蚂蚁，心想好不容易有这么一次机会参加国际比赛，眼看要成泡影。于是她作了两手准备，若施惠不行，自己就参加独舞比赛。这样她在林泱泱亲授下，每天在宾馆内扶着椅子当把杆单独练功。在施惠抵达赛场前，她已表演了《海侠》和《唐·吉诃德》变奏，由于心情紧张，换装时腿都有些发抖。当施惠准备穿紧身衣裤上场时，张利刚从台上下来，施惠为了显示自己有力量，就用双手把张利一下子举到空中，评委见了只得同意他参赛。他和张利表演的《海侠》双人舞，出乎意料地好，全场掌声、喊叫声四起。可是施惠下场后眼前突然发黑，他故作镇静，一批记者蜂拥而上，问他："为什么带病参加比赛？"施惠似乎不假思索地回答："我到法国来就是为了参加比赛，若不参加比赛，怎么对得起祖国和人民！"

评委会主席被施惠的顽强精神感动了，当机立断破了个先例，为了照顾施惠的身体，第一轮中的第二套节目可以免跳，这样所有选手也都同样享受了这种特殊的待遇。对此，施惠感动不已。中午施惠吃了些酸黄瓜，下午继续进行第二轮比赛，先表演《海侠》双人舞，正当他把张利托举过头时，手突然发软，尽管他咬紧牙关坚持住了，但这蛛丝马迹被评委察觉，评委主席急步跑到后台对杨红说："不要让施惠再跳了，否则会发生不幸的。"接下来是施惠表演变奏，但没有评委主席的命令，工作人员不敢开启录音，这时施惠灵机一动，自己先走到台上，评委主席一看"生米煮成熟饭"，也无可奈何。殊不知，施惠的表演发挥了从未有过的超水平，几乎无懈可击，全场掌声雷动，电子显示牌上一齐亮出10分，施惠下场后，七个评委鱼贯而来，相继向施惠祝贺："为本届比赛增添了光彩！"乌尔吉特市市长说："我代表全体市民对你表示感谢，你为我们城市带来了莫大光荣！你既表现了高超的水平，又表现了惊人的毅力。"这些赞语施惠几乎一句都未听进去，他一身冷汗，双手冰凉，自己也不知道刚才哪来的这股劲。施惠、张利终于双双荣获金奖。

　　张利在下午的比赛中,还表演了《海侠》和《唐·吉诃德》变奏,虽然累得精疲力尽,但临场发挥却十分出色,结果荣获双人舞最佳女演员奖。一人独得两块金牌,这恐怕是没有先例的。林泱泱与施惠、张利兴奋得一起手舞足蹈,共同庆祝胜利。

巴黎国际芭蕾比赛期间与评委合影

　　1988年下半年,林泱泱又指导辛丽丽、杨新华参加第三届巴黎国际芭蕾比赛。巴黎国际芭蕾比赛创办时间虽然不长,但因为法国是芭蕾的故乡,而且参赛的选手水平都很高,可谓强手云集,竞争激烈。辛丽丽、杨新华参赛的节目均是古典芭蕾双人舞《天鹅湖》《唐·吉诃德》《海侠》,也可以说是他俩烂熟于心的节目,故林泱泱在集训时主要是对这三个双人舞精雕细琢,让他俩的表演渐臻完美。同时,辛丽丽、杨新华去年刚在纽约的国际芭蕾比赛中取得不俗成绩,对此次比赛争金夺银也是信心满满。正是在这样的心情下,他们踏上了巴黎参赛的征程。

　　第三届巴黎国际芭蕾比赛有中国、苏联、法国、美国、比利时等17个国家参加。莫斯科大剧院有7名选手参加,其中一对双人舞曾在瓦尔纳国际芭蕾比赛中得过金牌;法国巴黎歌剧院首次选派一对明星参赛,无疑对金牌也是志在必

巴黎国际芭蕾比赛期间与辛丽丽、杨新华合影

得；其他选手也都是旗鼓相当。

第一轮小辛、小杨相继表演了风格迥异的《天鹅湖》二幕双人舞和《唐·吉诃德》双人舞，他俩临场发挥水平甚佳，风格把握准确，而苏联一对选手在表演第一个节目《黑天鹅》双人舞时，男演员却屡屡失误，眼看夺金牌无望，出人意料地退出比赛，这在历次国际大赛中实属罕见，但却使中国演员少了一个竞争对手，小辛、小杨自然增强了夺魁信心。

第二轮决赛是重复表演《天鹅湖》二幕双人舞，还是表演一个新节目《海侠》，一时举棋不定。若表演《天鹅湖》不大会失分，比较保险，但要得高分不易；如表演《海侠》，能给人以新鲜感，但若发挥不理想，会失分不少，有可能前功尽弃。后来林泱泱获得一个信息：决赛中没有一对选手表演《天鹅湖》双人舞，于是毅然决定表演《天鹅湖》双人舞，而事实是他俩的表演比第一轮更出色，几乎无懈可击。尽管如此，能否夺魁，心中仍没有底，因为法国是东道主，九个评委中，法国评委有四个，占"半壁江山"，而且巴黎歌剧院的一对明星，水平相当不错，可以说与中国选手难分伯仲，因此心想，一等奖"非法莫属"。谁料宣布比赛结果，小辛、小杨"蟾宫折桂"，荣获双人舞一等奖，这是中国芭蕾演员在国际大赛中首次夺得最高荣誉。中国评委、著名芭蕾艺术家戴爱莲先生说："小辛、小杨把握古典芭蕾风格纯净，表演细腻不夸张，技巧全面稳定，九个评委没有任何争议，一致同意他俩得大奖。"这说明小辛、小杨当之无愧，虽然在意料之外，却在情理之中，难怪巴黎歌剧院这对明星演员对小辛说："我们心悦诚服，不得不承认你们是最好的一对。"

第六章

文化使者

我曾应邀多次赴澳大利亚、新加坡、美国等国任教，还先后六次赴日本松山芭蕾舞团任教。曾代表中国参加日本第五届国际艺术节。2002年，我获得日本松山芭蕾舞团颁发的国际艺术大奖，成为第一位获此殊荣的中国艺术家。此奖旨在表彰我在芭蕾舞教学、推广和促进世界文化交流中做出的贡献，我很幸运。

文化是沟通心灵的桥梁。赴国外执教，也是我向外国艺术家学习的很好机会。中华民族是一个兼容并蓄、海纳百川的民族，我努力了解各国芭蕾艺术创新发展的现状，广纳博收各国的先进经验，彼此增进了友谊，加深了理解，促进了世界芭蕾的发展。文明因交流而多彩，文明因互鉴而丰富。俗话说："自满者，人损之，自谦者，人益之。"我从与各国文化交流中得到很多启发，取长补短，择善而从，不断充实和丰富自己，从而更好地为中国芭蕾的繁荣发展尽绵薄之力。

——林泱泱

林泱泱不仅是出色的芭蕾编导，而且是位优秀的芭蕾教师，在长达半个世纪的教师生涯中，积累了丰富的教学经验。由于林泱泱受过严格的古典芭蕾训练，授课时不像一般教师那样手脚比画，做做样子，而是亲自做示范动作，且一丝不苟；同时，芭蕾基训动作的组合不是一成不变的，隔几天就会翻新，而且芭蕾基训动作组合新颖漂亮、舒展流畅，深受演员们的青睐。为此，林泱泱邀约不断，不仅相继赴广州、辽宁芭蕾舞团和沈阳音乐学院舞蹈学院等院团授课，还先后出境，赴日本、澳大利亚、新加坡、新西兰、美国、印度尼西亚等国及我国台湾地区执教。林泱泱作为一个文化使者，加强了中国与世界各地区的文化交流，增进了与各地艺术家的友谊。

自 1990 年初始,林泱泱应日本松山芭蕾舞团之邀,连续六次赴该团授课。该团团长清山正夫在信中写道:"我们松山芭蕾舞团作为日本的民间艺术团体,为了增进同中国的友好关系,从 1955 年开始进行友好活动,迈上了同中国睦邻友好的道路。这之后,通过许许多多人的努力,中国和日本建立了世界上其他国家难以见到的强有力的友好关系。我们松山芭蕾舞团以日本为活动基点,但在周恩来总理及其他中国领导人的亲切关怀下,同中国进行过十多次的交流,而团员则更有数百次的友好往来,作为日本的民间艺术团体,是与中国交流最多的团体。在中国芭蕾舞初创期就做出贡献的林泱泱先生是我们多年的老朋友,通过中国的代表作品《白毛女》而成为职业的伙伴,是有着共同艺术大目标的友人。"

林泱泱为日本松山芭蕾舞团演员上课

林泱泱正是以"职业的伙伴,是有着共同艺术大目标的友人"身份赴日本任教。尤其是林泱泱在上基训课时,善于敏锐地捕捉演员的细微不足,并深入浅出地指出改进的方法,起到画龙点睛的作用。犹如一位高明的中医,在察言观色中能一针见血般窥探患病的症结,这无疑使演员得益匪浅,能不断提高演员的基本功及表演和技巧水平。因而国际芭蕾大师、松山芭蕾舞团首席演员森下洋子对林泱泱的亲授有着浓厚兴趣,每次都积极认真参加,从不缺课,还请人把林泱泱上的每节课录了像。林泱泱在授课之余，还广交朋友，博览国外艺术。在东京，林泱泱还结识了许多日本芭蕾界的朋友。东京芭蕾舞团的编导石井清子女士，性格豪爽，热情大方，除了邀请林泱泱参观她们剧团的演员练功、排练外，还专门抽时间到住地来看望林泱泱，向林泱泱介绍她的创作经验，并搜集提供各种资料。星期日上午，她亲自驾驶汽车，引荐林泱泱参观一个现代芭蕾舞研究所。林泱泱在一间约有 40 平方米教室里，看到有近 30 位演员，汗流浃背地在刻苦练习。朋友们告诉林泱泱：从早上 10 时到下午 5 时，除中午休息 20 分钟，稍用点心外，演员们从不间断练习。她们这种酷爱舞蹈艺术，为在舞台上生存而发奋练习的精神使林泱泱深为感动。临别时，林泱泱将随身所带的《白毛女》画册赠送给她们，她们非常高兴，争相传看，围着林泱泱问长问短，渴望了解中国的情况。有的日本朋友对林泱泱说："非常羡慕中国剧团由国家投资，演员前途有保障，不用为生活操心，但在我们日本，演员不能单靠演出为生，因为场租贵，售票困难，演员要靠教学才能增加收入。"

一天，林泱泱去八王子市，在那里，他和新制作室建立了深厚的友谊，被邀参加一年一度的八王子节。事前，新制作室的演员们热情地帮助林泱泱做准备，还一同练习了我国民间的秧歌舞。节日这天，到处悬挂着日本式的灯笼，大街两旁人山人海，万头攒动，市民们有的全家铺席而坐，有的倚栏而立，据说有 20 多万人夹道观看游行表演。游行队伍里有彩车，有传统的日本民族舞蹈，也有青少年的队伍。林泱泱和新制作室的演员们，身穿中国的汉族舞蹈服装，作为整个游行队伍的压轴戏，为日本人民表演了秧歌舞。当播音器刚刚播出中国舞蹈家也来参加节日游行时，全场顿时沸腾起来。在观众一再鼓掌要求下，秧歌舞这个节目竟连续重复了八遍。许多日本朋友隔着栏杆挥手致意，不少人伸出拇指连声称赞"中国好，中国好"，一些热情的青年兴奋极了，索性在大街两旁学跳起秧歌舞来了。场面之热烈，真使林泱泱感动。游行结束后，八王子市的市长接见了林泱泱，感谢林泱泱与八王子市民共同欢度节日。

林泱泱还有幸观摩日本芭蕾节的演出，实际上就是一次各国芭蕾舞艺术的交流。从这次艺术交流中，林泱泱看到国外芭蕾舞通过不断的改革，发展很快。由于目前各国芭蕾舞团互相交流编导演员，学术交流频繁，既促使了技术上的飞快进步，也推动了各种流派的竞相发展。每年都出现了不少新剧目，对许多著名的古典芭蕾剧目也都进行了重新理解和处理。如《罗密欧与朱丽叶》，就发展了

林泱泱与日本舞蹈家合影

许多动作和技巧来代替原来的哑剧,创作出了许多情感丰富生动的双人舞语汇,舞蹈动作极其讲究轻盈、优美,但不注重保留时代风格。使林泱泱感到惊异的是,近年来国外现代舞(亦称摩登芭蕾)发展得也很快,许多著名古典芭蕾舞演员，也都跳起了现代芭蕾。这在以前是不可想象的。原先，芭蕾演员看不起现代舞演员，认为他们没有技巧；现代舞演员则认为芭蕾舞日趋衰落，不合当今潮流。而今天的趋势则是两者结合。如果说芭蕾舞是开放的、外向的，那现代舞基本上则是内向的。现代舞派别繁多，其中最有代表性的是美国的玛莎·格雷姆，她的舞蹈吸收了亚洲舞蹈的风格，受亚洲舞蹈影响很深。林泱泱看到芭蕾舞节表演的一个叫《莱达》的节目，其中就有圆场的舞步和佛雕的造型。

参加演出的演员中间，有一些舞蹈家竟已六十多岁了。在一个晚会上，她们登台表演了两个舞蹈，其中包括具有复杂技巧的《天鹅湖》双人舞。这些年已花甲的老演员，经受了年龄、体力、意志、信念的种种考验与磨炼以后，依然以灵活轻盈的舞步，保持了舞台艺术上的青春，林泱泱深为叹服。

2002 年 4 月，林泱泱收到财团法人日本松山芭蕾舞团清水正夫的邀请信，信中写道："财团法人松山芭蕾舞团每年都对各种优秀人物进行表彰。这次经过严肃、公正的评审，决定授予林泱泱先生财团法人松山芭蕾舞团 2001 年度第 12 届'国际艺术奖'，以表彰林先生长期以来以国际视野的角度，在舞台艺术的普及、振兴、教育诸方面做出的努力和功绩。特别是在上海芭蕾舞团的出色贡献。这次授奖对于日中两国舞蹈界，以及日中两国的睦邻友好都是值得高兴的事，也可视为一个里程碑，值得告知许许多多的人们。2002 年 5 月 14 日（星期二）将在东京举行授奖仪式和记者招待会，我们特邀林泱泱先生一定来出席授奖仪式。"日本松山芭蕾舞团是日本国家芭蕾舞团，其颁发的国际艺术大奖，旨在表彰在芭蕾舞教学、推广和促进世界文化交流中做出杰出贡献的艺术家。这个奖项被日本舞蹈界人士视为最高荣誉，林泱泱则是荣获这个奖项的第二位外国老艺术家。为此，新华社以"中国芭蕾舞教育家林泱泱在日本获大奖"为题发了消息。

5 月 14 日下午，在东京举行了隆重的颁奖仪式，由日本皇室高恩公亲王亲自主持，前首相大平正芳先生的夫人大平志华子及中国驻日本大使夫人等出席，这是中国艺术家的光荣，林泱泱深感自豪。颁奖仪式后，林泱泱从 5 月 15 日到 6 月 1 日继续为松山芭蕾舞团上基训课，其间还两次观赏该团的精彩演出。林泱泱牢记父亲的教导："男儿志兮天下事，但有进兮不有止。不能在荣誉面前止步，要不断向着新的目标迈步。"

清水正夫团长为林泱泱颁发奖状

颁奖仪式现场

林泱泱发表获奖感言

　　1986年9月初,林泱泱应邀赴澳大利亚执教,轮流在悉尼芭蕾舞团、堪培拉芭蕾舞团、悉尼舞蹈学校、堪培拉舞蹈学校、墨尔本皇家芭蕾舞学校上基训课,日程安排得非常紧,每天上、下午各上二节课,几乎没有喘息的机会,逛街游览更是奢望。墨尔本皇家芭蕾舞学校是古典芭蕾大本营,学校给林泱泱安排在毕业班上课,毕业班全体同学都参加了。大家都非常喜欢林泱泱的课,因而当林泱泱在悉尼或堪培拉上课时,有不少学生还会追着去上课,令林泱泱十分感动。悉尼舞蹈学校经常邀请外国著名芭蕾专家来上课,在学校教室把杆的两面墙上设有签名栏,上面签满了专家的名字,之前却没有中国专家的名字,林泱泱成为第一位在签名栏上留下名字的中国芭蕾专家。

林泱泱虚心好学,虽然没有时间逛街游览,却从不缺席观摩学习的机会,先后看了七场舞剧和一部歌剧《奥涅金》。其中一部舞剧《唐·吉诃德》由墨菲任艺术总监的澳大利亚芭蕾舞团献演,林泱泱连看六场。该团有三个很像样的教室,每年规定要演出三台新创的舞蹈晚会,基本在悉尼演出。政府很支持剧团创新,如果拉到赞助,就可到国外演出,因而墨菲重任在肩,压力很大。墨菲对林泱泱很热情友好,不断请林泱泱看演出,并谦虚地征求林泱泱的意见和建议。林泱泱也为舞剧《唐·吉诃德》写了评论文章,刊登在华文报纸上。

林泱泱在文章中盛赞:

> 澳大利亚芭蕾舞团是一个驰名世界的大型演出团体,演出的舞剧《唐·吉诃德》,是从该团的六十多个保留节目中精选出来的杰出作品。这部情节轻松简单的舞剧,具有鲜明而又异乎寻常的风格和魅力。它的成功,在于音乐、舞蹈、舞台美术这三方面的协调和融合一致。舞剧编导纽瑞叶夫是一位充满激情的舞蹈家,他以自己独特的强烈个性进行着舞蹈的创作。其中最具特色的是"斗牛舞"。六人一排的斗牛士,手持红色披风,在一位剽悍英俊的领舞率领下,和一年青女子展开舞蹈。舞蹈把西班牙社会生活中最为典型壮观的斗牛场面生动地展现出来。舞蹈编导把舞蹈起伏、强弱对比安排得十分得体顺畅,又注意从生活中选取典型细节来丰富舞蹈创作。这就为舞蹈增添了浓厚的生活气息和强烈的戏剧感。
>
> 芭蕾舞团的舞蹈家们,在这些舞蹈中充分展现了自己杰出的才能。舞剧中几位主要演员的表演都十分出色。扮演唐·吉诃德的约瑟夫·耶诺塞蒂斯,扮演桑乔·潘萨的雷·鲍维尔,扮演罗连佐的肯·惠特木尔,扮演葛马齐的科林·彼斯里,都是具有深厚艺术造诣的艺术家。他们得心应手的表演,给人留下深刻的印象。由玛丽琳·罗扮演的基特莉,是非常出众的。她的舞蹈,有技巧、诗情、个性,既轻盈,又富于情感,是一种身体和心灵结合的完美表现。凯尔文·科欧扮演的巴西利

林泱泱与澳大利亚学员合影

奥,在舞剧中具有举足轻重的分量。他表演了许多极为艰难的舞步,一个一个绝技显现出原始情感的奔放与严格训练的精纯。明古斯给第三幕婚礼双人舞所写的旋律优美的音乐,为芭蕾舞演员展现高超的技巧,提供了充分的机会。这段大型双人舞,结构严谨、华丽、辉煌,它不仅是全剧的精华,也是世界芭蕾舞艺术宝库里的珍品。今天,从澳大利亚艺术家的表演中,我们不仅感受到舞蹈技术随着时代前进而不断发展,也看到了把印象主义和现实主义结合在一起的舞台美术发展趋向。这些宝贵经验,非常值得我们学习。

林泱泱赴澳大利亚上课前五周一切都很顺利,但不幸的是,10 月 18 日在给悉尼芭蕾舞团演员上课时,因做大跳示范动作,把大腿大筋给拉断了,疼痛难忍,不得不提前下课。演员们都很着急,一拥而上,团团围住林泱泱,关心地问这问那。可是不知什么原因,两天未找到好医生治疗,林泱泱心急如焚,按中医说,隔了两天,大筋会萎缩。第三天终于住进医院,找到最好的专科医生动手术把大筋接上,并上了石膏。医生对林泱泱说:"手术很成功,请你放心! 保证你能恢复舞蹈功能。"中国驻悉尼领事馆副总领事等闻讯亲临慰问,并与悉尼芭蕾舞团交涉,一定要请专家治伤,确保医疗效果,确保林泱泱能够恢复舞蹈功能。这时林泱泱一颗悬着的心终于放下了。

但是新的问题又来了,遵照医生意见,手术后要用软塑料固定,上石膏约半个月,之后拆石膏拆线。再用硬塑料将脚固定,待七周后拆除,三个月不能走路,每天只得躺在床上不能动弹,上厕所得靠两个拐杖,脚一朝下,伤口就肿胀,为此,必须延迟三个月才能回国。林泱泱在给团里写信时说了心里话:"我真够不幸,二十五年来脚从未因做示范动作而受过任何伤,哪怕轻微扭伤也没发生过,这次伤在国外,真够惨,孤零零一个人,语言又不通,闷也闷死了,但为了使这只脚能恢复舞蹈动作,只好忍着捱日子,一天天过。直到现在我还不放心的是耽搁了两天才把我的大筋接上,效果会不会打折扣,也只有听天由命了。"

尽管如此,林泱泱还是利用这难得的养病时间,借来不少外国芭蕾及现代舞录像,像海绵吸水似的,认真观看学习,这也算是意外收获。

1991 年初,林泱泱应新加坡芭蕾舞团之邀,于 2 月 13 日飞抵新加坡,任该团客席舞蹈指导。当时正值新加坡欢度中国新年——春节,故团里希望林泱泱

林泱泱与新加坡学员合影

的工作于 3 月开始,7 月结束,并为该团 6 月演出季编舞。但 4 月 3 日接上海芭蕾舞团通知,要求林泱泱返回上海排练古典芭蕾舞剧《天鹅湖》,林泱泱历来以上海芭蕾舞团工作为重,立即购机票,于 4 月 11 日飞抵上海,翌日即投入排练。

返沪前,林泱泱在新加坡工作了一个多月,主要为新加坡芭蕾舞团演员教授芭蕾舞基训课。舞团两位艺术指导都是留学美国,因而他们训练的内容均是美国学派的,几乎所有演员都参加美国芭蕾舞协会规定的等级考试。而林泱泱授课的内容则是以苏联学派为基础,加上多年在国外任客席教授的丰富经验以及改革开放以来广纳博收欧洲、美国等的新内容,同时,他的教学擅长亲自示范,有很扎实的基本功,又喜欢依据钢琴教师现场弹奏曲目的启示,即兴编排和处理动作组合,形成自己独特的教学风格,因而深受该团艺术指导、演员、学生的一致欢迎和好评。正如艺术指导所说:"林教授的课带来许多新鲜有用的东西,使演员和学生进步很快,既帮助演员解决能力、技巧等问题,也能帮助他们增强乐感和舞蹈表现力,作为一个演员一切该有的都有了。"由于林泱泱创新的教学方法和独特的教学风格好评如潮,因而,舞团决定在 3 月举行一周的公开教学,分初级、中级、高级班三个班,新加坡全体芭蕾演员及学生按不同水平报名参加上述三个班,由林泱泱分别上课。林泱泱的课受到交口称赞,在新加坡引起很大反响。为此,新加坡媒体发表了林泱泱专访,并配有林泱泱上课时的照片。记者写道:

看林泱泱教授在新加坡舞蹈剧场的舞蹈教室,给年轻的舞蹈员上双人舞课程。随时他都准备给他们作示范:一个旋转、一个托身、一个飞跃,他细心地、谨慎地为他们表演了。虽然对一名舞蹈演员而言,他已不年轻,然而,作为一位编舞家、作为一位舞蹈指导老师,他肯定是胜任有余的。现年50岁的林教授,对于自己在如此年轻的时候便隐退舞台,在受访时,并没有让我感觉到特别的遗憾之情。或许,他因属上海芭蕾舞蹈学校的前峰,在舞蹈表演上和编舞的学习上,都有颇多的发挥机会,所以,当真正走下舞台时,他已是自己那一辈舞蹈艺术工作者中,比较成熟的编导了。

在舞蹈领域的这许多年来,林泱泱教授深切地感受到,若要一名舞蹈演员的艺术生命能比较长,除了舞蹈功底坚固外,他本身是否能保持一定的韧性、软度和弹跳力也是必须考虑的。

对他而言,他庆幸自己有顽强的功底,这全靠当年世界著名苏联舞蹈家彼·安·古雪夫、伊丽娜·奥立哥珊娜,中国北京舞蹈学院的张旭、陈伦和丁宁的教导,至今,林教授依然对他的这些老师不能忘情。

这位在编舞和教学领域里积累了31年经验的林泱泱教授,有感于自己得以承受良师的指导,对自己要求甚严,因他不愿意看到同他学习的学生不能从他身上有所得到。他的学生,像辛丽丽、汪齐风、张利和施惠等,都是上海芭蕾舞团的主要演员,更是数项国际舞蹈比赛(美国杰克逊舞蹈比赛和巴黎国际舞蹈大赛等)的得奖者。因此,林泱泱教授说:"希望自己能持续地四处讲学,同国外舞蹈界中人交流,好丰富自己。"现在,他把自己受邀出访的机会,比成是对自己这些年来所学所体会的东西作检验的最好机会。回顾这些年来,林教授对自己曾编过的《苗山风云》、《青梅竹马》(是上海舞蹈团在1987年4月到访我国的主要演出舞蹈之一,也是获得日本大阪国际芭蕾舞比赛的大奖作品)、《光之恋》、《玫瑰》和《鹿回头》等较为满意。

尽管如此,这位谦虚的舞蹈家特别强调:"舞蹈艺术就像科学,日新月异,不进则退,就要被淘汰呀!"对他而言基本功扎实,才有可能创造舞句(舞句,指舞蹈的语汇),而只有满是新意的舞句,可能使舞蹈的内容丰富多姿。

祝愿他在这艺术的沃土上继续的展翅高飞。

　　林泱泱在国外无论是教学还是演出,不管时间长短,都会抓紧时间观摩学习,欣赏演出、观看演出录像,以充实和丰富自己。同时,林泱泱因在上海芭蕾舞团任艺术指导,故也不忘了解外国艺术团体的管理经验,以便学习和借鉴。尽管此次在新加坡仅一个多月,时间很短,但林泱泱还是尽量了解新加坡芭蕾舞团的管理方法。林泱泱在"新加坡讲学小结"中写道:

　　"新加坡芭蕾舞团是由国家资助的第二个专业艺术团体(另一个是新加坡交响乐团),国家将原海军一幢大楼的三楼拨给舞团,并由商家赞助装修成三个练功房及办公室、餐厅等。舞团演员 20 余人,由新加坡、菲律宾、日本、马来西亚等国演员组成,舞团不设主要演员,通常是聘请外国演员任客席主演,以提高舞团的知名度和表演水平。舞团还另设一个 20 人的演员预备班,通过考试择优录取为正式演员,平时如演出需要,预备班就参加群舞演出,这就增加了竞争性,又解决演员不足的问题。舞团全年有四个演出季,分别安排在 3 月、6 月、9 月、12月,主要演出现代芭蕾,也演出古典芭蕾。一旦舞团选定了节目,都会请原编导亲自来排练,从来不凭录像排节目,他们认为这会有失水准,不能保证节目的质量。每年放假一个月,演员的工资高低则由演员的资历、工龄、表演水平、工作态度而定。舞团管理十分出色,两位艺术指导的观点是一定要从严治团,严防演员自由散漫,不听指挥,一旦出现这种情况,他们的措施是除名,要保整个团,是要一个团,而不仅仅是要一个人。我在执教期间,就有一位资历最久、水平最高的男演员被除名。因而演员个个自觉刻苦练功,排练极其认真,不管排多少遍都一丝不苟。无论艺术指导在与不在都一个样,无需任何监督。另外,演出的道具也是发动演员在业余时间在团里制作,绝不会有人不参加,溜之大吉。

　　"由于两国制度不同,在培养人才和节目积累上,中国是大大优于他们,我们用国家的力量来办团、办校,这是西方许多舞团和新加坡芭蕾舞团望尘莫及的。"

　　林泱泱认为:"我们在管理上、工作效率上也有许多不足之处。今后应广泛开展文化交流,每年都能聘请外国专家来团讲学,对我团表演水平的提高,增加新鲜感是大有好处的。"

　　2005 年 2 月,林泱泱收到台湾艺术大学校长黄光男先生的邀请函,内容如下："林泱泱教授勋鉴：素闻，先生专研芭蕾舞，目前荣任上海一级编导、芭蕾舞蹈教育家。自一九八四年起，多年担任上海芭蕾舞团艺术总指导、艺术总监。六十年代末，主编的芭蕾舞蹈剧《白毛女》曾轰动宇内，一时之作在中国芭蕾舞的发展史上立了新的里程碑，所培养出优秀的芭蕾舞者不计其数，在教学与编导实务方面经验丰富。特邀请教授于二〇〇五年四月一日前来本校担任三个月的客席教授，相信本校舞蹈系学生在教授指导的专业领域上会更有进步。耑此，敬颂钧安。"

林泱泱与祖国宝岛台湾学员合影

台湾艺术大学是台湾地区最早的艺术专科学校，因创校时间悠久，故在艺术领域中有着相当优秀以及有名的校友，另外，有着不少独特的学系，以及不少科系入学分数要求比台湾其他大学相同科系来得高，因此在艺术类大学中，通常被认为是台湾地区最好的以及知名度最高的一所大学。

林泱泱能成为大陆赴祖国宝岛台湾执教芭蕾第一人，是有一段缘由的。1987年6月林泱泱率辛丽丽、杨新华赴美参加第二届纽约国际芭蕾比赛，经过四轮搏击，辛丽丽夺得女子组银牌、杨新华名列男子组第三。当时台湾艺术大学舞蹈系的教师王广生也正好带领一对台湾选手参赛，两人一见如故。1995年上海举办首届国际芭蕾比赛，林泱泱负责境外选手的基训课，王广生等同行曾目睹了林泱泱精彩而生动的上课情景，留下深刻印象。1996年上海芭蕾舞团应邀赴台演出，台湾媒体还发表了时任艺术总监林泱泱的专访。近来台湾艺术大学舞蹈系新招了12名男生,可又缺男教师。于是林泱泱就顺理成章地成了该校首选的对象。

林泱泱课时排得很满,每天8节课,除本校学生外,还要为台湾各大学舞蹈教师授课。由于是大陆第一个赴台执教的芭蕾艺术家,所以前来上课的同行蜂拥而至,对林泱泱的授课无不啧啧称赞,异口同声说:"能上林老师的课真是非常幸运!"一本厚厚的精致笔记本如实记下了学生们的心声,每位学生都写了一封简短而又饱含深情的感谢信贴在笔记本上,并附上一张自己的照片。从这些感谢信上可以看出林泱泱的工作是极端认真的,作风是很严谨的,学生们的不足之处,无论是后背的姿势还是转圈的重心,都逃不出林泱泱的火眼金睛,这令学生们钦佩与折服。离台时,校长黄光男亲手赠送一块镌刻着"时雨春风"的水晶给林泱泱,意喻林泱泱为该校舞蹈系送来了"及时雨"。

2011年7月2日至17日,林泱泱又收到台湾艺术大学校长黄光男先生邀请,参加该校表演艺术学院舞蹈学系"舞蹈技巧训练营""说文蹈舞学术研讨会"交流活动。该活动旨在"增广学生多元舞蹈专业的学习机会,以激发学生专业舞蹈内涵,并拓展具现代化与国际视野,提升科学与当代精神的创作和学术研究成果"。林泱泱欣然前往,收获颇丰。

第七章

艺术总监

我在上海芭蕾舞团任艺术指导和艺术总监达十七个春秋，无论是艺术指导还是艺术总监，主要是负责艺术创作、人才培养、国内外演出以及剧团艺术管理。"业无高卑志当坚，男儿有求安得闲。"自我走上这个岗位以来，我还是尽心尽力地做好肩负的工作，努力创作新的节目，推出复排的古典芭蕾剧目，大胆启用年轻演员，并配合剧团总经理深化文艺体制改革，应该说取得了一定成绩。当然，与世界一流芭蕾舞团相比，仍存在不少差距，尚需继续努力，"男儿须展凌云志，莫负天生八尺躯"，我相信上海芭蕾舞团必将屹立在世界芭蕾之林。

——林泱泱

林泱泱于 1984 年至 1992 年任上海芭蕾舞团艺术指导，1993 年至 2001 年为艺术总监，任职时间长达 17 年，全面负责业务工作，着重抓剧目积累、人才培养、国内外演出、剧团管理等，为上海芭蕾舞团的建设与发展谱写了辉煌的篇章。

林泱泱永远不会忘记父亲的谆谆教导："豪华落尽是真淳，要做个纯朴真淳、脚踏实地的人，绝不哗众取宠，更不弄虚作假。"走马上任之初，在商品经济大潮面前，演出市场不景气，演员的收入很低，团里不少人热衷于成立小分队，赴外地演出，还有人偷偷地走穴赚钱，更有人离团飞赴大洋彼岸，团里编导、演员青黄不接，无法推进新剧目创作等。1992 年 7 月，《文汇报》发表一篇题为《芭蕾艺术家们的困惑》文章，正是反映了当时团里的真实情况。全文如下：

芭蕾是一个国家文化水准的标志之一，在国外已有近 500 年的历史。在我国它却还是一门年轻的艺术，远远没有普及。目前全国仅有北京中央芭蕾舞团、上海芭蕾舞团和辽宁芭蕾舞团等三个芭蕾团体。

上海芭蕾舞团在 60 年代以创作舞剧《白毛女》而一举成名。改革开放以来，一代青年演员又相继登上国际芭蕾比赛舞台，汪齐风、辛丽丽、杨新华、蔡丽君、张利、施惠等先后在国际比赛中荣获 11 枚奖牌。这些年轻的芭蕾明星在世界舞坛上，骄傲地闪耀出中国芭蕾的独特光彩。

在进一步改革开放的今天，如何维护和促进芭蕾事业的发展，已成为表演艺术团体体制改革中一个迫在眉睫的问题。近些年来，上海芭蕾舞团领导时时为经济拮据而困扰。该团全年所得拨款仅 47 万元（主要是用于人头费），而实际需要近 100 万元，这要靠演出收入解决。如今演出不大景气，芭蕾在上海有一批观众，但因食多生厌，演不了几场。而赴外地演出，虽然"物以稀为贵"，卖座不错，但因食宿、车费开支大，收入甚微，其结果往往是入不敷出。为了剧团的生存，还必须不断推出新剧目，以吸引观众，而排一个大型古典芭蕾舞剧所需经费少则七八万元，多则十几万元，上级机关只能解决部分经费，远不够用，其余则要靠自己筹措，处境十分窘迫。

芭蕾演员把高雅的艺术奉献给观众，丰富了人们的文化生活。而自己却过着十分清苦的生活。从舞蹈学（院）校毕业分配进芭团的青年演员每人只有 80 多元月薪，加上政府规定发放的各种补贴仅 178 元左右。不少青年演员身居团里集体宿舍，仅伙食费每月便需 200 多元，收支极不平衡。但是，他们中的绝大多数人仍然不为现时的各种利诱所动，甘愿参加团里的演出，每场仅拿 10 元的劳务费。他们图什么呢？汪齐风说出了大家的心里话："因为我们太热爱芭蕾艺术了，简直就是我们的生命，如果我们把艺术作为向人民讨价还价的筹码，那么舞蹈就会失去绚丽的光泽。"因而绝大多数芭蕾演员在事业和金钱面前，义无反顾地选择了事业。

芭蕾是一种特殊的艺术。一位芭蕾演员的负载高于轻量级举重运动员。当你走进剧场后台，在侧幕旁，你会看到与台上"诗情画意"迥然不同的景象，汪齐风从台上下来紧皱双眉，一屁股坐在地上，几个演员蜂拥而上为她捶腰揉腿；辛丽丽奔进侧幕就弯腰驼背，累得直呼其妈；杨新华退场时坐在凳子上，也是直喘粗气，连讲话的力气也没有。可是仅隔几秒钟，他们又相继上场，舞姿依然是那么优美。他们说："我们自己的病痛和劳累,无论如何不能带上场,给观众的只能是艺术的美感。"

但芭蕾演员每天每人平均营养费仅 2 元,只有业余体校运动员营养费的五分之一。同时由于职业的特点,不少演员患有各种慢性疾病,身体素质下降,这不能不引起人们的严重关注。面对这种情况,芭蕾舞团究竟应当怎么办? 芭蕾艺术家深感困惑。该团最近有个别演员赴外地走穴,一周演出收入相当于一年工资的总和。按有关规定,走穴者,除非法收入全部没收外,还要按收入多少处以几倍的罚款。当文化稽查队负责同志征求团长意见时,他左右为难:"不罚,不符合有关规定;罚,实在下不了手。"如果既不允许"走穴",又不允许到舞厅伴舞,仅靠微薄的演出收入,想让芭蕾演员稳定思想,一心一意搞事业,那是不现实的,他们说:"在演出时常要考虑穿衣、吃饭、恋爱、结婚,怎么可能一门心思跳舞?"芭蕾演员退出舞台后的出路问题,也须妥善解决。芭蕾是青春的艺术,芭蕾演员的艺术生命仅 15 年左右,那么退出舞台后干什么呢? 这是摆在每个芭蕾演员面前的严峻问题。当然一部分演员团里可以"消化",但仍有不少演员工作无着落,以致除极个别演员外,无人愿意让自己的子女学跳芭蕾的。

作为社会主义精神文明建设的一个重要方面,我们应该有代表我们国家、民族文化水平的表演艺术团体。基于这一认识,上海芭蕾舞团正在积极进行改革,包括尝试拉开主要业务人员和一般业务人员工资、演出报酬档次,并在保证完成全团年度演出任务前提下,组织两支精干队伍,举行"普及芭蕾专场"演出,既增加剧团、演员个人的收入,又可以让青年演员在舞台实践中得到锻炼,以利培养人才,等等。但是,芭蕾艺术事业的发展,还需要政府部门的扶植,社会各方的关心。

正因为如此,林泱泱为了开拓演出市场,也为了培养青年演员,从基础工作做起,一步一个脚印,深入上海各大学校区,推出一台演员的精彩表演和生动的知识讲解相结合的"普及芭蕾专场",几乎走遍了上海各大高校,深受广大师生的欢迎。上海芭蕾舞团也成为上海最早送戏进高校的表演艺术团体。《文汇报》以《一股芭蕾旋风卷入高校校区》为题,连续报道了"普及芭蕾专场"的演出盛况:

最近,上海芭蕾舞团组织了一台溶精彩的表演和生动的知识讲解为一体的"普及芭蕾专场"节目,在赴华东师范大学、上海经济管理学院等高校演出时,在一些师生中掀起了一阵小小的"芭蕾旋风"。在华东师范大学演出那天,场内座无虚席,走廊里和窗台上也挤满了人,整个演出过程掌声不断,笑声不绝,气氛异常活跃。师生们说,观看这种演出,是一种高层次的艺术享受,也是一次生动的美育教育。

芭蕾向来被人们视为"阳春白雪",观众面本来就不宽。近年来由于通俗艺术的冲击,更使剧团拓宽观众的工作面临重重困难。但芭蕾舞团的同志认为,芭蕾艺术家决不能因此无所作为,应当想方设法使芭蕾艺术走向观众,赢得观众。他们便组织了这台道具和布景轻便简化,演出人员精干,适宜于到高校和中学演出的节目,这些节目中包括了由著名青年演员汪齐风、辛丽丽、李春源等二十多人表演的《唐·吉诃德》《天鹅之死》等十多个风格迥异、色彩绚丽的古典和现代芭蕾独舞、双人舞精品,并由该团艺术指导、著名编导林泱泱担任节目主持。在每个节目演出前后,主持人结合每个节目的风格讲解如何欣赏芭蕾,评估演员的表演特点。在表演完一个节目后,演员还把节目中精髓部分的舞蹈语汇和技巧重新表演一遍,以加深观众印象。林泱泱边讲解、边示范,深入浅出、妙趣横生;演员表演技艺精湛,一丝不苟。这种新颖的演出形式,使观众感到十分亲切,与在剧场坐着观看节目的感觉截然不同,因而引起了他们的强烈共鸣。据华东师大团委负责同志介绍,芭团到该校演出的戏票,不到一小时就全部售罄。该团不得不加演一场,仍供不应求。演出开始前,剧场门口被未买到票的师生们围得水泄不通,为了不使他们失望,最后剧场管理人员敞开大门,让他们在走廊等处观看演出。

演出结束后,大学生把艺术家们团团围住,向他们献上一束束鲜花,并纷纷请演员签名、合影留念。他们动情地说:"我们不仅看了热闹,也看了门道,越看越觉得芭蕾更美了、更好看了。"这种演出形式,对青年演员也是很好的锻炼,他们从掌声和笑声中受到了深刻的教育。好几位芭蕾演员说:"我们从师生们这么热烈的掌声和笑声中,认识到了自身的价值,从而更加热爱芭蕾事业。"从6月2日起,该团又在市府礼堂为长宁区中学生三千多人连续演出了两场"普及芭蕾专场"。他们准备继续为大中学生演出。

为了开拓演出市场,普及芭蕾艺术,上海芭团自10月起相继在华东师大、同济大学、复旦大学、中国纺织大学等8所大学演出普及芭蕾专场,观众人数高达16000余人,受到空前热烈欢迎。这次把芭蕾精品专场送到大学,团领导要求演员像在剧场里一样演出,而且所有主要演员悉数登场,每个双人舞都要表演变奏,尽量让大学生们欣赏到完善的芭蕾艺术,该团在几所大学的演出都收到出乎意料的效果,当《四小天鹅》《西班牙》舞演出时,场面之热烈令人动容。学生们说:"足不出校门,能看到这么精彩完美的芭蕾演出,真是太棒了!"上芭领导还把到大学演出作为培养青年演员的重要舞台。《白毛女》中饰演大春的角色由最近刚从广州芭团归来的青年演员武朝辉担任;原在《白毛女》中饰演杨白劳的著名演员董锡麟,因年龄关系,又患有高血压病,为此他物色年仅23岁的杨晓明作为接班人。到大学演出就成了他们首次亮相的舞台,他俩十分珍惜舞台实践的机会,先后认真演了8场,逐渐进入角色。尽管大学的剧场设施不完善,条件较差,但从主要演员到群舞演员的艺术作风都像在剧场演出一样一丝不苟。不少演员虽有病或负伤,但依然登台演出,主要演员辛丽丽、杨新华等每场均要表演2至4个节目。演员们的敬业精神令大学生们感动不已,他们竖起大拇指赞不绝口:"不愧是一流院团、一流作风。"

林泱泱不仅组队深入大学演出小节目,而且把大型经典舞剧《白毛女》也送进大学献演。《文汇报》以《大学生们青睐〈白毛女〉》为题作了报道:

最近,上海芭蕾舞团应上海交大闵行分校之邀,到该校连演两场经典舞剧《白毛女》,这是该团首次到大学演出大型舞剧,交大师生反应之热烈,出乎人们的意料。在交大首演《白毛女》后,上海师大、上海海运学院、财经大学、同济大学等闻风而动,竞相邀请《白毛女》来校演出。由于不少高校不具备演出大型舞剧的条件,只能望台兴叹,但上芭领导和全体演职人员,为了尽可能满足广大师生对观赏《白毛女》的强烈要求,想方设法在这些大学献演《白毛女》第一、三、四、七场,依然引起不同凡响的反应。大幕徐徐拉开,叫好声不迭,当熟悉优美的旋律在耳边响起时,一年迈的教师重新打开尘封的记忆,回首往日的激情,又给年轻的大学生带来一份新奇。当唱起"太阳就是毛泽东,太阳就是共产党"时,剧场更是成了澎湃激荡的海洋。同济大学校长吴启迪对芭蕾怀着特殊的感情,她在演出前对演员说:"芭蕾是高雅艺术,对陶冶学生情操、对精神文明建设都有着积极促进作用。"

林泱泱还把戏送到郊区村头,《文汇报》以《与郊区农民同台献艺,上芭送戏到村头》为题作了报道:

前晚,在嘉定区曹王镇,上海芭蕾舞团18名青年演员和当地农民同台献艺,精彩的芭蕾舞表演引起了台下农民观众的热烈反响。上芭此次是应当地人民政府之邀,前来参加这场为庆祝中华人民共和国成立50华诞而举行的文艺晚会。晚会在运动场上临时搭建的露天舞台上举行。演出前二三小时,不少农民就兴致勃勃地从四面八方赶来,到演出开始前,台下已有2000余名观众,后排的观众不得不站在凳子上,运动场周围农民倚栏而观,场面之热闹出人意料。在农民演员表演了舞蹈、表演唱等节目后,上芭演员们开始表演《白毛女》《天鹅湖》《唐·吉诃德》等经典芭蕾舞剧片段。此时天不作美,细密的雨点开始飘落下来。铺在台上的塑料地布由于淋湿打滑,大大增加了演员们的表演难度。可面对台下这么多观众,大家谁也不敢懈怠,兢兢业业地做好每一个动作。"要让芭蕾走进千村万户",一位演员的话反映了上芭全体演职人员共同的心愿。而芭蕾那优美、典雅的舞姿也牢牢地吸引了台下的农民观众。一位78岁的老妈妈说:"芭蕾很好看,我这一辈子是第一次看,大概也是最后一次看芭蕾吧!"一位演员接口说:"我们还会来演的,让您在有生之年多看几次芭蕾。"听了这话,老妈妈开心地笑了。

林泱泱认为"普及芭蕾专场"在大学校区如此受欢迎,"培养芭蕾观众也应该从儿童做起",于是决定为小学生演出"普及芭蕾专场"。《上海教育报》报道了此事：

> 天公不作美，忽然淅淅沥沥飘起雨来了。上海芭蕾舞团一行40余人驱车前往浦东上钢三厂大礼堂演出"芭蕾普及专场"，可今天不是为大中学生演出，也不是为钢铁工人演出，而是为周家渡小学的孩子们演出，心里不免有些担心，天真活泼的孩子能耐着性子观看一个半小时的演出吗？团里一位同志对坐在一旁的艺术总监、著名编导林泱泱说："你今天尽量讲得少一些，讲得通俗一些。"林泱泱点头同意，依然默默无言地在考虑如何讲得适合孩子的特点。离下午一时还有十分钟，大礼堂却是悄然无声，舞美队一位同志在后台问舞台监督董锡麟："怎么学生还不入场？"他回答："早入场了。"那位舞美队同志半信半疑地撩起大幕一角往台下看，着实吃了一惊，孩子们整整齐齐地端坐着。帷幕拉开，乐曲声起，芭蕾明星辛丽丽、杨新华、蔡丽君等粉墨登场，翩翩起舞。林泱泱在每个节目演出前，介绍节目的故事内容，结合每个节目的风格讲解如何欣赏芭蕾，评估演员的表演特点，在表演完一个节目后，林泱泱还要求演员把节目中精髓部分的舞蹈语汇和技巧重新表演一遍，以加深孩子们的印象，他讲得深入浅出，风趣幽默，难怪孩子们看得那么入神入迷。每当演员表演到精彩处，孩子们都情不自禁地鼓掌，大大出乎意料。似乎台下坐的不是小学生，而是很有素养的大学生，简直不可思议！林泱泱越讲越来劲，演出竟然比原定时间超过半小时。在幼小的心里埋下了芭蕾的种子，假以时日，一定会发芽、成长。

林泱泱在大力开展芭蕾普及的同时，还在积极准备推出新戏，并参与创作大型芭蕾舞剧《梁山伯与祝英台》。1993年7月，在上海商城剧院推出一台"雅致舞集"新人新作专场。时任上海市委副书记陈至立为专场演出题词："让芭蕾之花更加绚丽多彩！"祝芭蕾精品专场演出成功。时任上海市副市长龚学平题词为"愿芭蕾这颗艺术明珠放射出更绚丽的光彩"。可见市委、市政府对芭蕾的重视。

"雅致舞集"专场是上海芭蕾舞团自实行总经理、艺术总监负责制的领导体制后的首次公演，也是该团首次在商城剧院进行芭蕾专场演出，并借此与商城剧院建立长期的合作关系。晚会既有古典芭蕾精品，又有新创作的现代芭蕾；既有

芭蕾明星领衔,又有后起之秀各展身手。新创作的剧目有艺术总监林泱泱根据
曹植《洛神赋》改编的幻想芭蕾诗《神女》,真实细腻地揭示了神女与诗人的爱慕
之情,它把观众带入一个中国式的人神相恋相爱,但人神相隔又不得结合的浪漫
世界,舞蹈采用了著名作曲家杜鸣心的《洛神》音乐,抒情优美的旋律,更赋予芭
蕾诗情画意和浓郁的民族风格。曾任上海芭蕾舞团团长,现移居新加坡的著名
编导蔡国英,根据法国作曲家拉威尔的《波莱罗》舞曲编排的现代芭蕾《花祭》,则
倾注了对祖国、对一代伟人邓小平的一片深情。辛丽丽的处女作《缠》双人舞,是
根据瑞奇·玛哈洛夫的舞曲编舞的,是对充满矛盾的生活的深沉思考。吴国民、
杜红玲根据勃拉姆斯《第一交响曲》第二、第三乐章编导的交响芭蕾《心画》,表现
了青年人爱与恨、沉沦与奋进、向往与追求的心灵图画,作品以其现代意识、编舞
严谨规范和追求审美价值的统一而引人注目。日本芭蕾艺术家为上海芭蕾舞团
排练的《狐狸与贵妇人》,借狐狸的狡黠,讽刺不求上进的人们,作品以其鲜明的
现代风格而为演出锦上添花。

林泱泱为演员排练《神女》

这次演出还推出一批新的节目,《辉煌的快板》是被誉为"交响芭蕾之父"的
乔治·巴兰钦的典范之作,作品没有主角,没有情节,而是通过演员的形体动作
来揭示音乐深刻的内涵。明星辛丽丽、杨新华主演的古典芭蕾舞剧《巴基塔》,于
1846 年于巴黎歌剧院首演,这次演出了其中的第三幕,俄国古典芭蕾之父彼季
帕对这场舞会重新进行改编,加插一段三人舞、双人舞及群舞,令舞剧大为生色,

尤其是一段双人舞更是脍炙人口,充分展示演员的超卓舞技。刚在日本名古屋国际芭蕾比赛中一举夺得金奖和尼金斯基大奖的谭元元与杨新华演出《艾斯米拉达》,这是古典名著《巴黎圣母院》中一段精彩之作;汪齐风、李春源表演的《春水》,是芭蕾顶峰之作,短短的二分钟,汇集了芭蕾的精萃,令人赞叹;蔡丽君在《辉煌的快板》中领舞,英姿不减当年。

整台晚会除了辛丽丽、杨新华领衔主演外,其余均是一批后起之秀,《巴基塔》的另一组演员张薇莹、孙晓军,是国际芭蕾比赛获奖演员;杨新华和他俩还与去年舞校毕业的青年演员范晓枫、孙慎逸、傅姝分别表演古典双人舞《艾斯米拉达》《舞姬》《唐·吉诃德》《雷蒙达》,以老带新,新老配对,这是上海芭蕾舞团培养青年演员的一个重要途径。在《神女》中挑大梁的季萍萍、陆晓音、姜勇是去年因在《胡桃夹子》中饰演主角而脱颖而出的,在《神女》中饰演诗人的陈真荣和在《花祭》中主演的高娟敏则是比较成熟的青年演员,他俩曾在多部大型舞剧中担纲。陈真荣、武朝晖、孙晓军与杨新华表演的《男子四变奏曲》,通常代表着一个舞团男演员的最高水平,芭蕾应有的程式和繁复的高难技巧,对演员富有挑战性,观众从中可以领略芭蕾男子的阳刚之美。

7月13日下午,时任上海市副市长龚学平、市府副秘书长周慕尧来到上海芭蕾舞团。陪同前来的有时任市文化局党委书记周渝生,副局长肖炎、贺寿昌以及局有关处室负责人。龚学平同志在仔细听取总经理唐世伟的汇报后,对芭团改革作了具体指导:"芭团改革很有成效,群众精神振奋,说明存在的问题只有通过改革才能解决,因此领导班子要坚定改革信念,无论在顺利时或困难时,都要坚持改革。改革成果就是要出人出戏。首先要抓规划,要有近期和远期规划;二要抓创作,要不惜工本,创作有民族特色的芭蕾,对创作人员要有特殊政策;三要抓演出,多演出对锻炼演员、普及芭蕾、争取社会赞助都有好处。"

7月14日晚,上海商城剧院门口人头攒动,时任市委书记吴邦国、市长黄菊以及市人大、市政协等领导兴致勃勃地来了。在贵宾休息厅,中共中央政治局委员、上海市委书记吴邦国亲切地说:"我们来看戏,表明一个态度,就是对芭蕾的支持!"演出结束时,吴邦国、黄菊等领导上台接见演员,祝贺演出成功。吴邦国勉励大家:"上海不仅要有芭蕾,而且要有第一流的芭蕾。"市长黄菊说:"上海流行一句通俗的话叫'发烧友',我们今天来看芭蕾,就是你们的发烧友。"引来笑声朗朗。老市长汪道涵说:"我们要爱护培育芭蕾这朵花,这是上海,也是全国的骄傲,要与流行音乐竞争,你们要充满信心!"

　　7月16日上午,时任市委常委、宣传部部长金炳华,副部长徐俊西及市文化局党委副书记杨益萍、副局长肖炎等领导冒着酷暑,一早赶到地处西郊的上海芭蕾舞团。金炳华、徐俊西等同志饶有兴趣地观看了演员们的基训。金炳华说:"江泽民总书记多次说过,上海要建设成现代化国际大都市,要搞好两个文明建设,必须要有高水平的交响、芭蕾。希望大家齐心协力,勤学苦练,要出拔尖人才,出芭蕾精品,第一流的演出水平,这样才能与上海现代化的国际大都市形象相适应。"当谈到分配问题时,金炳华说:"芭蕾演员像运动员一样艺术生命很短,所以必须提高芭蕾演员的生活待遇。"他指出:"新闻舆论对青年演员要很好宣传,要让全社会都关心、支持芭蕾,使芭蕾成为上海文艺舞台上的一朵鲜花。"

　　市领导、社会各界对上海芭蕾事业的关心和支持,林泱泱心里很是高兴,心想上海要成为一流的城市,要有一流的文化,上海的艺术家们要更加勤奋,多出艺术精品,多出优秀人才。上海经济的振兴和腾飞,必将带来文艺事业的繁荣兴旺。越想越感到肩上的担子越重,尽管有这样那样的困难,但对"多出艺术精品,多出优秀人才",依然抱有很大的信心。

　　1993年,林泱泱作为艺术总监上任伊始,就着手准备推出日本版古典芭蕾舞剧《胡桃夹子》。因林泱泱六次赴日本松山芭蕾舞团执教,成绩卓著,影响很大,该团团长清水正夫为感谢林泱泱对日本松山芭蕾舞团的卓越贡献,当即表示愿把日本版《胡桃夹子》版权无偿转让给上海芭蕾舞团,而林泱泱在日本多次观摩过日本版《胡桃夹子》的演出,感觉相当好,很华丽,很新颖,很有特点,更何况《胡桃夹子》是芭蕾艺术皇冠上的一颗明珠。

　　童话芭蕾舞剧《胡桃夹子》首演于1892年12月的彼得堡,由俄国学派芭蕾的真正开创者伊凡诺夫编导,它是俄国的三大芭蕾舞剧之一。舞剧取材于德国浪漫派作家霍夫曼的童话《胡桃夹子与鼠王》及法国作家大仲马的改编本。舞剧叙述一个发生在圣诞之夜的有趣故事,女主人公克拉拉接受了教父的礼物——一个丑陋的胡桃夹子。宾客离去,当她进入梦乡战胜来抢夺胡桃夹子的老鼠时,胡桃夹子忽然变成了英俊潇洒的王子,并邀请克拉拉一起漫游雪的王国、水的世界和糖果的天地,大家一起参加欢乐的舞蹈。

　　1891年,柴可夫斯基在为《胡桃夹子》作曲的过程中,工作能力日益衰退,感到力不从心,写完舞蹈总谱就如释重负,感慨不已:"这个曲子确实要比《睡美人》

差多了。"在舞剧团正式演出前,柴可夫斯基从总谱中选编了《胡桃夹子》管弦组曲。作曲共分八段:序曲、进行曲、糖果仙子舞、俄罗斯舞、阿拉伯舞、中国舞、笛舞、花之圆舞曲,于 1892 年 3 月 19 日在彼得堡先行演奏。作曲家的担忧显然是多余的,音乐会获得了极大的成功。柴可夫斯基运用了在《天鹅湖》中的同一技巧,即天鹅与恶魔一同出现时那强烈的戏剧对比,舞剧《胡桃夹子》也因柴可夫斯基音乐的卓越而名闻遐迩,被列为芭蕾宝库中的一部佳作。

　　这部抒情奇妙、富于感染力的童话芭蕾曾广泛上演,由于舞剧为人们描绘了一幅幸福、美满家庭的美好前景,从而深得各国观众的喜爱。但各国上演时,均对舞剧作过不同程度的修改,因而一百多年来,世界各国舞台上出现过一大批演出版本,其中以瓦伊诺宁 1934 年为列宁格勒基洛夫歌舞剧院排演的版本、巴兰钦 1954 年为纽约芭蕾舞团排演的版本以及格里戈罗维奇 1966 年为莫斯科大剧院排演的版本为最著名,这三个版本各有特色。首演时,由于原来剧本存在严重缺陷及不少地方编舞的因循守旧,给舞剧留下了令人遗憾之处。瓦伊诺宁重新排演时,则注意到了这个问题,加强了戏剧冲突,内容变得充实了,但也未能很好体现柴可夫斯基的哲学主题。巴兰钦排演的版本主要特点是使用了规模庞大复杂的舞台装置,如高大圣诞树、人造风雪等,另外还有 39 名儿童舞蹈演员参加演出,增强了童趣。格里戈罗维奇重排这部舞剧时,成功地抓住了全剧的哲学主题——善与恶的斗争,体现了善良必将战胜邪恶、光明终将冲破黑暗的思想,这种处理符合霍夫曼作品的浪漫主义风格,又揭示了柴可夫斯基音乐蕴含的精神实质。

　　日本版《胡桃夹子》,是由日本松山芭蕾舞团无偿提供的,由该团副团长清水哲太郎于 1979 年编导,清水哲太郎与森下洋子主演。每年圣诞前后,在日本要连演 15 场左右,座无虚席,久演不衰。舞剧以其抒情、奇妙、富于想象力的意境,辉煌艳丽的舞美而深受广大观众青睐。

　　舞剧《胡桃夹子》共分两幕,第一幕是府邸中欢度圣诞节的情景,第二幕则是以观赏性为主的舞蹈场面。舞剧以匠心独运的舞蹈编排见长,充满幻想和童真的好奇。不仅包括风格迥异的糖果仙子舞、俄罗斯舞、阿拉伯舞、中国舞等,令人眼花缭乱,目不暇接,而且那洁白的雪花舞、晶莹的水晶舞、斑斓的糖果舞和瑰丽的花之舞,那漫天飞雪,那水下奇观,都令人为之惊叹。观赏该剧,确实是一次赏心悦目的艺术享受。

能够无偿拿到这个版本,林泱泱喜出望外,求之不得,他雷厉风行,立即决定于1995年12月23日至1996年元月2日,率团里舞美设计和服装制作一行三人,专程赴日本松山芭蕾舞团学习古典芭蕾舞剧《胡桃夹子》,争取在1996年上海艺术节首演。这次赴日的主要任务是学习和考察舞美八个部门——制景、灯光、化妆造型、大小道具等设计和制作情况。由于时间紧、人手少、工作量大,12月23日下午一踏上日本国土,就马不停蹄直接赶往剧场,观看松山芭蕾舞团正在上演的《胡桃夹子》,晚上就在剧场投入工作,边记、边画、边拍照。连续三天,从早到晚,经常是忘了吃中饭,没空吃晚饭,半夜回到住地,两顿并作一顿吃,然后继续整理收集资料,一直工作到凌晨四五点钟。在剧场演出结束后,还要回到松山芭蕾舞团,继续学习、考察、记录,这种快节奏的工作一直持续到12月31日。短短几天的学习考察,日本松山芭蕾舞团良好的艺术素质和严格的管理水平,给大家留下了深刻的印象,其《胡桃夹子》用了十年时间不断提高、完善,才有今天这样精彩、成熟和让人惊叹的优秀剧目,这里面倾注了演员们大量心血和劳动。

林泱泱与日本松山芭蕾舞团演员合影

上海芭蕾舞团和松山芭蕾舞团的交往从1972年《白毛女》访日演出就开始了,这次赴日学习《胡桃夹子》,得到了他们热情接待和真诚指导,并把《胡桃夹子》舞蹈、音乐和舞台美术资料全部无私地传授给上芭。而清水正夫团长却友好地表示："这是应该的,我们也从你们上海芭蕾舞团得到过帮助。"其间,大家还应邀参加了松山芭蕾舞团的"忘年会"。

委派舞美专业人员专程赴日学习新剧目,这是上海芭蕾舞团为繁荣创作首次采取的重要举措。这次赴日学习、考察,一改以往学习外国芭蕾舞剧的传统做法,过去从电视录像上照搬,其质量无法达到原作水平,甚至走样,特别是舞台美术、形象、色彩、演出气氛、调度和效果都与原作似是而非,实地观摩、考察、学习感受大不一样,成效大不一样,最后舞台上呈现的面貌也会大不一样。同时,为舞台美术方面的创作、设计、制作和演出与世界接轨开拓了一条新的途径。此次学习、考察工作成效显著。连松山芭蕾舞团的同行也说:"不容易! 三个人,时间这么短,就把全剧学下来,祝贺你们! 到时,去中国看你们的演出。"

从日本学习考察返沪后,林泱泱连续几夜观看松山芭蕾舞团《胡桃夹子》演出录像,紧接着开始投入排练,准备迎接日本松山芭蕾舞团主要演员亲自来团指导排练,同时,舞美队也开始投入制作。

"烟花三月下申城",日本松山芭蕾舞团副团长清水哲太郎和森下洋子率领访中支援代表团一行10人,于3月27日抵沪。此行是专程来上海芭蕾舞团指导排练由他们无偿提供版权的芭蕾舞剧《胡桃夹子》。

晚上7时一出机场,正下着蒙蒙细雨。清水哲太郎不顾劝说,执意要求直奔上海芭蕾舞团练功房,而不要先到宾馆休息,原来他带来了几箱宣传资料,诸如图文并茂的芭蕾发展史、《胡桃夹子》的剧照、服装设计图以及演员的队形图等,应有尽有。他说:"当明天早上演员们一走进练功房,就给他们一个惊奇!"访中支援代表团的成员,全是松山芭蕾舞团的男女主角。可当清水哲太郎一声令下,大家闻风而动,有的抢着贴剧照,有的争着贴队形图,有的站在把杆上贴芭蕾发展史,个个忙得不亦乐乎! 当然,清水哲太郎也身先士卒,贴这贴那,一直贴到深夜11时才算完成任务。除了练功镜外,其他两面墙上和一面窗上,几乎都贴得满满的,营造出一种浓浓的艺术氛围,演员们仿佛置身于艺术的海洋中。贴完宣传资料,照理该回宾馆休息了,可清水哲太郎还要听取上海芭蕾舞团艺术总监、《胡桃夹子》的总排练者林泱泱关于排练情况的介绍,并商量翌日的日程。这也难怪,因为他们在沪仅4天时间,分秒必争也是顺理成章。当他们拖着沉重的步伐跨进宾馆大门时,快到凌晨了。

森下洋子到教室看望林泱泱

　　从第二天起,清水哲太郎和森下洋子一行就以上海芭蕾舞团练功房为家了,自早上9时到晚上8时,几乎寸步不离练功房。清水哲太郎和森下洋子与上海芭蕾舞团演员一起上基训课,并对执教的蔡丽君和杜红玲大加赞赏。接着他们一会儿给饰演主角克拉拉和王子的四组主要演员排练,一会儿又给法官和木偶排练;一会儿排练整场的戏,一会儿排练各国婀娜多姿的舞蹈。一举手、一投足,一个表情、一个眼神都不轻易放过。他俩有时亲自做示范动作,有时请随团演员表演。那一丝不苟的严谨艺术作风令人钦佩!饿了,就吃几片面包,喝一杯饮料;累了,就在沙发上闭目养神片刻,毕竟已是年届五十的人了。当大家劝他们休息时,清水哲太郎说:"为了日中两国人民世世代代友好下去,为了《胡桃夹子》如期与上海观众见面,再苦再累也应该。"

上海芭蕾舞团全体演员和天津歌舞剧院芭蕾舞团23位青年演员,自3月2日起就全天投入排练,主要演员晚上还得加班加点,因而十分劳累。不少女演员脚尖磨破出血,跟腱发炎;不少男演员腰腿酸痛。《胡桃夹子》中有大量富于各国民族特色的舞段,还需为四组主要演员轮番排练。一次刚排完"花之舞",森下洋子说了一句"OK",大家误以为这段舞排练结束了,情不自禁鼓起掌来。森下洋子一看立即说:"不要散,再来一次。"尽管大家面面相觑,但依然高兴地进行。清水哲太郎和森下洋子高度赞扬上海芭蕾舞团和天津歌舞剧院芭蕾舞团演员"非常漂亮、身材非常好,是非常好的演员。日本舞蹈家是一流的,中国舞蹈家也是一流的。在我们相互的文化艺术和情谊交流的漫长岁月中,有着那种超越国界的共同艺心和舞情。"清水哲太郎和森下洋子不仅对演员的舞技和艺德十分满意,而且对舞美制作也跷起大拇指连声称赞:"非常好,布景、道具、服装非常美,超过我们日本的舞美制作水平。"清水哲太郎还开玩笑地说:"这些布景、道具、服装等能不能给我们。"不过,为了能完美地把《胡桃夹子》奉献给上海广大观众,临行时,清水哲太郎仍然向蔡丽君、杜红玲老师一再叮嘱:"要严格训练,不能放松。"

经过松山芭蕾舞团演员的指导排练,《胡桃夹子》也更趋完美。殊不知在决定是否排演《胡桃夹子》时,曾有过一些争论,因该版本舞美十分华丽,有同志担心"成本太高,劳民伤财,得不偿失",但林泱泱坚持要排,结果在1996年上海艺术节开幕式上首演,引起强烈反响,媒体盛赞舞剧"以其瑰丽的色彩、美妙的舞姿、辉煌的场面,出色地为本届艺术节打响了第一炮"。

林泱泱为团里积累剧目,可以说不遗余力。团里原来排演过古典芭蕾舞剧《唐·吉诃德》第二幕,林泱泱决定排演全剧,并对舞剧作了大胆修改。

芭蕾经典作品《唐·吉诃德》取材于西班牙作家米格尔·塞万提斯的同名小说。该剧表现了小旅馆老板女儿、俊美娟秀的基特莉与年轻勇敢的理发师巴西利奥一见钟情,却遭基特莉父亲罗连佐的百般反对,硬逼女儿嫁给贵族葛马齐,两位年轻人机智地与之周旋,并在唐·吉诃德的帮助下有情人终成眷属。

《唐·吉诃德》剧本和编舞均是马留斯·彼季帕,他是在沙皇时代使彼德堡成为世界芭蕾圣地的俄国芭蕾奠基人。他运用在法国习得的风格、意大利的技巧,融会贯通地在俄国创作了许多优秀芭蕾舞剧,《唐·吉诃德》则是他的代表作之一。舞剧以热烈幽默的喜剧风格,绚丽多彩的民族舞蹈场面,高难度的技巧段落而享誉世界。特别是第三幕《婚礼》双人舞是现存古典芭蕾中舞技卓绝、最辉煌、最乐于为人们欣赏的舞段之一,已成为国际芭蕾比赛的规定节目。舞剧整个乐曲质朴简明,轻松流畅,富于旋律性。特别是它的圆舞曲,以其鲜明的西班牙风格,给人以清新的印象。

上海芭蕾舞团此次献演的《唐·吉诃德》作了较大的修改,集国外有关版本的精华于一炉。林泱泱尤其对舞剧第三幕的结构、音乐、舞蹈、舞美都重新进行了编排,给人以耳目一新之感。不仅酒店和婚礼场面的欢庆气氛更加浓重,而且增加了男女主角的两段舞蹈,既为演员展示才华开拓了英雄用武之地,又能淋漓尽致地抒发人物由衷的欢悦心情。在舞美设计上运用了象征性和写实性相结合的手法。在二道幕上画着阳光、牛头、美女和风车,显示美与丑、善与恶的交织和争斗,还把舞剧第一幕原有的较分散的场景舞蹈,组合成完整而又规范的场面舞蹈,令人赏心悦目。荣获首届上海"十佳"优秀青年演员称号的芭蕾明星杨新华、辛丽丽分别在舞剧中饰演男女主角。他俩是上海芭蕾舞团的最佳拍档,杨新华的表演既粗犷豪放,又潇俊洒脱;辛丽丽的表演既热情似火,又舒展自如。尤其是第三幕中《婚礼》双人舞,一系列的表演和高难度技巧结合得水乳交融,两人配合得天衣无缝,可谓珠联璧合,为舞剧锦上添花。

《白毛女》是团里的保留剧目,林泱泱复排了首演版本,不仅在国内20余个省市巡回演出,而且相继赴印尼、澳大利亚等国演出,均受到一致好评。这与林泱泱狠抓演出艺术质量,尤其是狠抓群舞水平的提高有关。《白毛女》中的八路军舞、红枣舞、红缨枪舞等他都反复排练,严格要求,几乎在每场演出前都要抓紧时间排练一二遍,而对其中个别演员的动作不规范的,另行个别排练。晋京演出期间,林泱泱发高烧,吊好盐水,仍坚持给演员排练,使大家十分感动,因而群舞水平有了明显提高。在成都演出时,川航总经理观后说:"演出非常感动,不仅主要演员演得非常精彩,而且每一个演员都非常投入,情绪非常饱满,表演非常细腻,演出水平是一流的。"在北京演出时,《新闻周刊》评论说:"在北京所有舞蹈演

豪华落尽是真淳 艺术评传

出中,《白毛女》是现场反应最热烈的。"在广东演出时,新闻界评论说:"国内几家芭蕾舞团的群舞都差强人意,上海芭蕾舞团在《白毛女》中的群舞表演让人眼前一亮,应该说相当出色,舞蹈造型与表演的规范程度均达到较高水平,让人叹服。"

林泱泱为演员排练《白毛女》

林泱泱不仅自己努力推出新排剧目,而且还积极邀请外国芭蕾艺术家来团排演新剧目。1994年,林泱泱邀请俄罗斯著名编导塔博尔科·娜塔利娅·米哈伊洛芙娜女士为上海芭蕾舞团排演芭蕾舞剧《罗密欧与朱丽叶》。塔博尔科·娜塔利娅·米哈伊洛芙娜女士是莫斯科国家剧院的编导、教师,曾执导过芭蕾舞剧《创世纪》《纳塔利》等。她培养的芭蕾演员曾多次在瓦尔纳、莫斯科等国际大赛中"蟾宫折桂"。

从19世纪以来,各国芭蕾艺术家改编上演的芭蕾舞剧《罗密欧与朱丽叶》不下数十种版本,其中尤以1965年英国皇家芭蕾舞团麦克米伦编导、纽里耶夫和玛克芳廷主演的版本最为著名。舞剧描述了中世纪意大利维罗纳市两个世代冤仇家族中的年轻人——罗密欧与朱丽叶忠贞的爱情,他们不顾封建家族之间的仇恨,私订终身,最后双双殉情而死。在他们爱情的感动下,两个家族抛弃前仇,终于握手言和,给城市带来了和平与繁荣。

米哈依洛夫娜执导的三幕幻想芭蕾舞剧《罗密欧与朱丽叶》,显著特点是熔古典芭蕾舞与现代风格于一炉。舞剧不是传统意义上的戏剧芭蕾,而是富于哲理、强调抽象表演、时空交错，颇有交响芭蕾的韵味，并包含有浪漫主义的手法，故称"幻想芭蕾舞剧"。该剧尤为注重舞蹈语汇，全剧很少哑剧动作，也无纯表演性舞蹈，完全是靠准确运用芭蕾舞蹈语汇，成功地塑造了 14 个性格各异的人物形象，用俄罗斯专家的话说："剧中谁是善良的，谁是凶狠的，都要用舞蹈语汇来体现。"因而在台上，每个演员都像电影《红菱艳》中穿红舞鞋的女演员一样跳个不停。

舞剧的编排随意性强、富于幻想，因而舞美设计比较概念化，以意象为主，三幕共有 16 个场景，但场景的变化不一定是剧情所规定的情景，而是装饰性的。如以十字架、蜡烛代表教堂，床、窗帘象征卧室等，当然观众也能一目了然，且与舞剧的风格完全吻合。

该剧由俄罗斯著名作曲家普罗科菲耶夫谱曲，他相继创作过《罗密欧与朱丽叶》《灰姑娘》等一系列芭蕾音乐的杰作，足以跻身本世纪作曲大师之列。自柴可夫斯基创作的舞剧音乐《天鹅湖》等将交响音乐的特征，特别是主题发展变化的手法引入芭蕾音乐后，音乐便成为芭蕾舞的"灵魂"。《罗密欧与朱丽叶》是交响音乐，是普罗科菲耶夫 1935 至 1936 年间的作品。他继承了"新俄罗斯乐派"的传统，兼收 20 世纪作曲技法的一些新成果，并独具匠心地吸取和处理民间音乐的音调、节奏和其他表现手法，一气呵成，从而形成了他自成一家的风格，成功地再现了莎士比亚原作的精神。

气温升至 38℃，热浪滚滚，酷暑袭人，可上海芭蕾舞团的演员们却未被酷暑征服，他们排练古典芭蕾舞剧《罗密欧与朱丽叶》的热情丝毫不减。走进练功房，只见年届花甲的米哈伊洛夫娜女士大汗淋漓，正在排练的是朱丽叶、罗密欧和一批信徒在教堂里祈祷的戏。演员们一手放在胸前，略低着头，慢步前行，就是这些简单的动作，专家却不厌其烦地做示范，并要求演员重复表演十多遍，直到她点头称是。由于米哈伊洛夫娜血压升高，医生让她坐在椅子上指导排练，可她一看到不满意之处，就情不自禁地站起来手舞足蹈，完全忘记自己是个病人。午餐时，她边吃边和舞美设计人员谈服装、布景的设计。她从抵沪的第一天起，就要求搬一台录像机到宾馆，晚上独自看录像，为翌日排练做准备。这次来沪执导她的拿手杰作《罗密欧与朱丽叶》，尽管人们早已熟悉罗密欧与朱丽叶这对不幸恋人的悲剧，但舞剧仍以别具一格的崭新风貌和震撼人心的艺术魅力给广大观众以耳目一新。

芭蕾明星辛丽丽、杨新华,自 1993 年年底荣获首届上海"十佳"优秀青年演员称号后,一直企盼在舞台上塑造新的形象,在艺术上有新的突破,因而他俩非常高兴地接受了在舞剧中分饰男女主角的任务。由于排练时间短,7 月下旬将与广大观众见面,而舞剧在上海又是第一次被搬上芭蕾舞台,因而每天要排练到下午 4 时半。辛丽丽、杨新华尽管十分劳累,但排练一如既往,绝不马虎,有空就观看舞剧录像,揣摩动作。罗密欧与朱丽叶的一段幽会双人舞,长约十几分钟,杨新华既要与辛丽丽作舞伴,有时又主动帮另一位饰演朱丽叶的女演员沈思佳配戏,以致左手腕、左肩胛肌肉拉伤,可他贴几块伤膏药依然龙腾虎跃。青年演员沈思佳爱人因车祸骨折,小孩刚满周岁,她既要服侍爱人,又要照顾小孩,而团里排练又如此紧张,真是疲惫不堪,结果在跳朱丽叶的一段变奏时,突然大脑缺氧,晕倒在地,大家把她扶到长凳上休息片刻后,又回到排练场翩翩起舞了。曾在《天鹅湖》《吉赛尔》中饰演男主角的青年演员陈真荣曾患过血尿,这次他身兼两个角色,饰演罗密欧和他的朋友,为了全身心进入角色,他把父亲从无锡请来上海照顾生活,以解后顾之忧。《罗密欧与朱丽叶》是上海芭蕾舞团 1994 年推出的第二台大戏,天热人心更热,高质量地把芭蕾精品奉献给广大观众,这就是大家共同的心愿。

1996 年,林泱泱又邀请另一位俄罗斯著名编导谢尔盖·谢苗诺维奇·费佳宁先生来团新创舞剧《国王的故事》。费佳宁 1967 年毕业于圣彼德堡舞蹈学院,后加入马里莫斯基歌舞剧院芭蕾舞团,1987 年又从里姆斯基-科萨科夫音乐学院导演系毕业,此后倾力投入编导工作。他多次应邀来中国为天津歌舞剧院芭蕾舞团、广州芭蕾舞团编排舞蹈,到上海却是第一次。两个月时间里,他在为上海芭蕾舞团演员上基训课、排练 6 个古典芭蕾精品的同时,创作了这部舞剧。费佳宁先生非常喜欢俄罗斯民族乐派重要作曲家尼·里姆斯基-科萨科夫谱曲的交响组曲《舍赫拉查达》,这部作品取材于阿拉伯神话故事《一千零一夜》,在和声与管弦乐色彩的运用上很有特色,因而广为流传。费佳宁先生很早就想根据这部交响组曲编一个芭蕾舞剧,来歌颂人类爱的美德,如今总算如愿以偿。不过,创作过程是非常艰苦的,为了抓速度,他往往是边创作边排练,有的还是在演员参与下创作的,他特别赞扬辛丽丽、杨新华是"很有天才的演员,很好地体现了编导的构思"。难怪该剧在排练厅连排一结束,他便与辛丽丽、新华热情地拥抱。原来费佳宁先生担心时间短,怕完不成排练任务。但由于全体演员认真努力的配合,使排练十分顺利。当上海芭蕾舞团领导感谢他创作了一部好舞剧时,他却连声说:"我要感谢中国,给了我了解中国的机会。"《国王的故事》在当年上海音乐舞蹈展演月演出时,引起观众的浓厚兴趣,也成为展演月唯一的一台新创舞剧。

林泱泱为了提高演员的基本功及表演艺术水准,相继邀请了英国皇家芭蕾舞学校教师杰夫瑞女士和美国现代舞专家杰瑞夫小姐来团上课。

英国皇家芭蕾舞团独舞演员、英国皇家芭蕾舞学校主要教师杰夫瑞女士,她从事芭蕾艺术已有三十个春秋,曾在《曼侬》等多部舞剧中担任独舞,还应邀到加拿大国家芭蕾舞团当客席独舞演员,后因膝盖受伤被迫退出舞台,改执教鞭,此次是应邀首次来中国上海执教。她身着黑色练功服,脚穿黑色软底鞋,戴着黑色耳环。果然不出所料,一开始基训,随着钢琴乐曲声起,她就指着个别演员说:"你没听音乐,脚底不清楚,动作不规范。"沈思佳一个动作做得慢了,她就拉着沈思佳的手一起跳;刚从美国回来的辛丽丽有一个小动作未合音乐节奏,她就提醒她注意,辛丽丽笑着点头称是。在练习急转接急转的动作时,她要求男女演员左右开弓,两面都会转,孙晓军左转得心应手,右转却拖泥带水,别别扭扭,杰夫瑞女士就要他多转几次,孙晓军转得头昏眼花。

一个半小时基训结束后,她请全体女演员留下上足尖课。当女演员换足尖鞋时,杰夫瑞女士却拿出一本厚厚的黑色笔记本翻阅,里面密密麻麻写的全是备课的内容,她边看边比画,连一分钟也未休息。接着,她要求女演员站着反复练半足尖、足尖动作,关键是训练准确控制身体的重心。但由于这种半足尖、足尖连贯动作过去从未做过,因而有的演员就显得摇摇晃晃,有的甚至前俯后仰,不过,大家感到这样训练基本功会更扎实,对提高足尖能力大有裨益。然后,她请女演员席地而坐,围成一圈,要求女演员脱掉足尖鞋,一遍又一遍地练脚趾抓地动作,仅仅做了几遍,有的女演员已直呼小腿抽筋了。时针指着12点,已是午餐时分,杰夫瑞女士宣布下课,演员们鼓起了热烈的掌声,她彬彬有礼地向演员鞠了一躬,转身征求芭团艺术总监林泱泱的意见:"我的课与你们以前上的课不一样,明天是否重复今天的课,这样演员才会适应。"林泱泱似乎不假思索地回答:"那当然好!"当林泱泱问杰夫瑞女士对芭团演员有什么印象时,她高兴地说:"演员上课很认真,基本功也不错,女演员的手很漂亮,但动作的幅度还不够大,乐感还需提高。"

邀请美国现代舞专家杰瑞夫小姐,这是上海芭蕾舞团加强对演员现代舞技能训练,以提高整体艺术水准努力的一部分。林泱泱认为,现代舞能通过形体的各种自由动作,比较善于表达思想感情及意念,在现代舞中,每个人都是主角,都是平等的,每个演员都要充分发挥自己的想象力,一起来创作和表演。然而,由于种种主客观条件的制约,中国芭蕾演员现代舞基础训练比较欠缺,在现代舞的编舞和表演方面,与发达国家的一些优秀芭蕾艺术家存在较大差距。1994年,上海芭蕾舞团青年演员张薇莹、孙晓军赴美国参加第四届杰克逊国际芭蕾比赛时,他俩都进入第三轮比赛,但表演现代舞节目,前者得7.5分,后者却只得5分,结果张薇莹未能名列前茅,孙晓军则名落孙山,这是一个惨痛的教训。中国芭蕾要走向世界,中国芭蕾演员要增强在国际芭蕾比赛中的竞争力,上海要有第一流的芭蕾,必须全面提高现代舞的编舞和表演水平。正是基于这个想法,林泱泱决定邀请杰瑞夫小姐来团执教现代舞。

杰瑞夫小姐现代舞的教学确是别具一格,她用胶布在塑料地布上贴着一平方米大小的四个方格,并编上序号,然后要求每个演员站在四个方格内,不断变换位置,同时不断变换头、手、腿的姿势,变换出各种舞姿和动作,犹如七个音符能谱写出无穷美妙的乐曲一样。这就要求每个演员像主角那样充分发挥想象力和创造力。当每个演员编好一段舞后,杰瑞夫小姐就逐一给予指导,使舞姿更美、动作更协调流畅。尽管大家是第一次学现代舞,但运用上述编舞法,居然都编出了像模像样的现代舞,杰瑞夫小姐连说"OK"。

林泱泱还大胆破格引进一位美国芭蕾演员迈克加盟上海芭蕾舞团,既能加强文化交流,又能促进相互竞争,自此,迈克成为上海芭蕾舞团引进的第一位外籍芭蕾演员。迈克出生于美国芝加哥,父母均是医生,16岁随父母赴加拿大,并在吴祖捷芭蕾舞学校学习芭蕾,由于他勤学苦练,不仅完成了加拿大皇家芭蕾舞学院的等级考试,而且成为一个优秀芭蕾演员。来上海之前,他是吴祖捷芭蕾舞团演员,参加过纽约杰克逊国际芭蕾比赛和哥伦比亚、温哥华国际艺术节,还曾来华参加过北京国际舞蹈节。上海芭蕾舞团1989年赴加拿大演出中国芭蕾舞剧《白毛女》时,迈克曾兴致勃勃地观看了演出,继而又两次随吴祖捷芭蕾舞团来沪演出,对上海有了进一步的了解。张薇莹、孙晓军赴美参加第五届杰克逊国际芭蕾比赛,当时他也是一位参赛选手,大家一见如故,成了莫逆之交,而张薇莹、孙晓军出类拔萃的表演更坚定了他来沪学习的决心,他说:"我对上海情有独钟,上海芭蕾舞团是很出色的舞团,张薇莹、孙晓军是很出色的演员,我很钦佩,所以我来上海,准备学习一年。"

迈克抵沪第三天,便进练功房压腿、弯腰。为了参加星期日的演出,他与张薇莹联手表演古典芭蕾精品《海侠》双人舞,并由巴黎国际芭蕾比赛获奖者孙晓军排练,小孙严格要求,迈克一丝不苟,特别认真。别看迈克平时言语不多,斯斯文文,但跳起双人舞来却很有爆发力,托举张薇莹轻松自如,仅仅排了两次,他俩的表演便十分默契。上海的生活条件显然比在加拿大逊色,但迈克却不以为然地说:"我是来学习的,不是来享受的。"他还随团赴武汉、深圳、广州等巡回演出《白毛女》,观众们在舞台上看到一个新奇的"洋八路"。

林泱泱在培养青年演员方面,更是花了很大心血。1999年,林泱泱制定并实施了"培养21世纪芭蕾明星"计划,将一批20岁左右的骨干推上一线接受大戏、大赛的考验,以期造就新一代芭蕾明星。上海的芭蕾舞台上近10年来活跃着一批堪称全国一流的芭蕾明星。但由于芭蕾是一种青春艺术,补充新生力量的问题已显得越来越紧迫。尽管经过几次补充新人,一线演员的平均年龄已经下降到25岁以下,但是缺少有影响的芭蕾明星。为了让年轻演员更快成长,林泱泱打破按部就班的用人制度,有意识地往年轻人身上压担子。年仅20岁的青年演员范晓枫、孙慎逸、傅姝,曾在国际芭蕾比赛、全国桃李杯舞蹈大赛中获奖,很有发展潜力,林泱泱就安排老演员重点"带"他们。像范晓枫一进芭蕾舞团,杨新华就成了她的舞伴,多次和她一起表演双人舞《艾斯米拉达》,还一起参加中央电视台的演出,使她尽快崭露头角。林泱泱还以"开小灶"的方式为他们加强基本功训练。与此同时,又让年轻人多在大戏中挑大梁。对舞校刚毕业的有培养前途的演员,也给他们压担子,年仅17岁的傅姝,进团才七个月,就让她在《白毛女》中饰演喜儿角色,成为全国最年轻的"喜儿"。让杨晓云、李娜饰演黑毛女和灰毛女,让孙慎逸、范晓枫、陈艳表演《巴基塔》双人舞,从而使青年演员迅速成长。范晓枫、孙慎逸在《罗密欧与朱丽叶》中也分别扮演主要角色。1999年上海芭蕾舞团赴大学演出38场,每场都让年轻演员上场,且常常一场要演几个节目。

在排练经典芭蕾舞剧《胡桃夹子》时,林泱泱大胆启用了从未在大戏中饰演主角的季萍萍、姜勇、陆晓音,让每人演一场。在赴澳州演出时,除演出现代芭蕾舞剧《白毛女》外,每场演出结束还加演3个古典芭蕾节目,以展示中国芭蕾演员全面的风采,这意味着每场要有9位主要演员亮相,于是林泱泱决定,让6位青年演员轮番表演《天鹅湖》等双人舞,使青年演员得到了舞台实践,舞艺有明显提高。通过舞台实践的磨炼,年轻演员们的表演技巧得到了迅速提高,其中季萍萍、孙慎逸、范晓枫、傅姝先后在国际芭蕾舞比赛中披金戴银,成为上海芭蕾舞团的台柱。

除了在舞台上"滚",还要在赛场上"闯"。1999年2月,日本名古屋举行第三届国际芭蕾舞比赛。最初有关部门并没有分配给上海芭蕾舞团参赛名额,但林泱泱认为,国际大赛是锻炼青年的一个重要机会,不能放弃。林泱泱几经争取后终于落实了参赛名额。范晓枫、孙慎逸在时任副总经理董锡麟指导下积极备战。林泱泱说:"跨世纪的芭蕾事业需要跨世纪的拔尖人才来担当。奋战1999年、迎接新世纪,最重要的任务之一就是培养青年骨干,我们要千方百计创造机会,让青年尖子尽快成长起来。"林泱泱还采取以老带新的措施培养青年演员。芭蕾明星、老演员有着丰富的舞台实践经验,充分发挥他们的骨干作用,是一支不可忽视的重要力量。

走进上海芭蕾舞团练功房,正在排练的是现代芭蕾舞剧《白毛女》第二场,只见芭蕾明星、在剧中饰演喜儿的汪齐风,饰演黄世仁、穆仁智的著名芭蕾演员王国俊、陈旭东在给青年演员张薇莹说戏。原来,林泱泱为了培养青年演员,新年伊始,决定把小张推上第一线,让她在《白毛女》中饰演喜儿一角。小张自1993年进团后,练功比较刻苦,业务条件也不错,因而一直作为培养对象,她在美国杰克逊国际芭蕾比赛中荣获鼓励奖后,大家对她寄予厚望。这次是小张第一次在创作的大型舞剧中饰演主角,因而不仅动作、舞姿拘泥于古典芭蕾的程式,尤为不足的是她不擅长表演,而创作剧目恰恰重在表演,于是汪齐风、陈旭东、王国俊在表演上尽力帮小张提高。汪齐风饰演的喜儿形象,被行家誉为"像一团愤怒的火光,像一道愤怒的闪电,引发人们心中共鸣的雷声"。尽管她在自己创办的舞蹈学校中教学任务十分繁忙,仍风尘仆仆赶来为小张示范表演,一个眼神、一个手势都一丝不苟;王国俊、陈旭东是《白毛女》的原班人马,演出2000余场,小张是他们与之配戏的第12个喜儿。他们的表演虽然不能说已达到炉火纯青的地步,但确已驾轻就熟,演来得心应手,对喜儿的一招一式烂熟于心,尤其是对喜儿的思想感情更是了如指掌。当小张对地主恨不起来,连打黄世仁耳光也有气无力时,他俩就给她仔细分析喜儿的内心世界,两人虽已年过半百,却仍一遍又一遍地反复排练,终于使小张进入角色。

林泱泱十分清楚，艺术表演团体的主要任务是演出，因而必须积极开拓演出市场，努力搞活演出经营。林泱泱在这方面是做了大量工作的，不仅在上海演出，而且到全国各地巡演；不仅到省会一级大城市演出，而且到中小城市演出；不仅在国内演出，而且开拓国外演出市场；不仅在地方演出，而且晋京演出。国内演出每年达 80 场，有时达到 100 场。1997 年 3 月，上海芭蕾舞团首次赴广东江门、东莞、佛山、蛇口演出，剧场座无虚席，连走廊里都摆满了椅子，一些观众为了一睹《白毛女》风采，专程从佛山赶到蛇口观看。1996 年 8 月，上海芭蕾舞团间隔 13 年晋京演出《胡桃夹子》和《白毛女》，给盛夏的京城带来了一股芭蕾"热浪"。首都新闻界认为《胡桃夹子》的演出"感情细腻，舒展洒脱，风度翩翩，潇洒自如，配合默契流畅，充分展示了后起之秀的艺术才华"。演出《白毛女》时，我国几个剧种"白毛女"扮演者王昆、田华、石钟琴、辛丽丽等异常兴奋地搂在一起合影留念。王昆说："这出戏很有力量，很有激情，舞剧能感动人是不太容易的，但今天我被真正感动了，太好看了。"《新闻周刊》评论说："在北京所有舞蹈演出中，《白毛女》是现场反应最热烈的。上海芭蕾舞团不但在国内享有一流舞团的声誉，而且已经跻身于世界知名芭蕾舞团的行列。"

　　1994 年 2 月，上海芭蕾舞团赴南京演出《白毛女》，原定四场，后因演出票抢手，供不应求，又加演了一场日场。首场演出时，有 3000 个座位的人民大会堂座无虚席，剧场两边走廊也站满了观众。观众和当地媒体盛赞《白毛女》"有深刻的思想内容，鲜明的人物形象，浓郁的民族风格，优美动听的音乐，历二十八个春秋，丝毫不减艺术魅力"。对新一代的喜儿、白毛女、大春的饰演者给予高度评价："既保持了原有的传统，在演技方面也有新提高。"对杨白劳、黄世仁、穆仁智饰演者的原班人马大加赞扬："年过半百，仍摸爬滚打，一招一式不走样，将各自的角色演得活龙活现。"

　　3 月，《白毛女》赴杭州，为浙江省人大八届二次和省政协七届二次会议代表和委员献演，引起轰动，两会代表和委员以及广大观众盛赞上海芭蕾舞团演员是"今年杭城文艺舞台的一枝报春花"。《白毛女》在杭演出一经披露，当地十余家企业闻讯而动，纷纷要求参加主办，这在杭城尚属罕见。杭州供销大厦总经理刘文华得悉后与领导班子紧急磋商，一致同意参加主办，并于凌晨 3 时电告邀请上海芭蕾舞团的浙江日报，反复恳求说："上海芭蕾舞团是优秀文艺团体，《白毛女》是经典名作，如不能参与主办，将终身引为憾事。"

在杭州剧院首场演出时,有位93岁高龄的老同志兴致勃勃地前来观看,他就是曾任陕甘宁边区总工会主席的毛齐华同志,他1920年代在莫斯科留学时就喜欢上芭蕾舞,他说:"今天我终于又能一饱眼福了。"一位中年妇女,当她听到撕心裂肺的"喜儿哭爹"时,摘下眼镜拭着泪水说:"不是自己失态,而是十几年没有看这么感人的戏,实在无法控制自己了。"

8月,芭蕾舞团带着三幕幻想芭蕾舞剧《罗密欧与朱丽叶》赴甘肃兰州参加第四届中国艺术节演出,共演出两场,场场爆满,成为艺术节中最受欢迎的节目之一。演出未开始,连剧场走廊两旁都已挤得水泄不通,有的观众抱着小孩站着观看,有的老翁由儿女扶着观看,中间走廊观众席地而坐,场内几乎无立锥之地。黄河剧场经理惊叹说:"从未有过这种盛况。"观众对高雅艺术这种出乎意料的热情,令剧场工作人员深为感动,破例搬了几只凳子让年迈的老翁和抱小孩的观众入座。甘肃省歌舞团的好几位主要演员因无票,无奈爬到灯光台内观看。当演出半小时后,剧场门口依然簇拥着五十余人,久久不愿离去,为防不测,剧场工作人员只得铁将军把门了。在海拔1300米以上的黄土高原演出,演员都有不同程度的高原反应,有三位演员鼻孔出血和牙痛,有四位演员及舞美队老师傅发热腹泻,不少演员由于体能消耗大,呼吸急促,需及时补充氧气,但因氧气袋仅有四只,供不应求,于是有的男演员主动让给女演员吸氧,有的群舞演员主动让给主要演员吸氧。辛丽丽下场时上气不接下气,可吸几口氧气就匆匆上场,仍然龙腾虎跃。演出结束后准备启程返沪,艺术节组委会主任、文化部常务副部长高占祥同志特地赶来送行,并赋诗一首,对上海芭蕾舞团演出给予高度评价:"莎翁名剧丝路行,高雅寓于梦幻中;陇原大地舞婆娑,上海芭蕾醉金城。"还宣布了文化部决定拨款奖励上海芭蕾舞团的消息,他说:"谁干事就支持谁,谁有光彩就打扮谁,谁有成绩就鼓励谁。"这给上海芭蕾舞团艺术家以极大的鼓舞。

1995年8月,上海芭蕾舞团应邀参加第五届青岛国际啤酒节、第七届"青岛之夏"艺术节,演出《白毛女》。避暑胜地青岛,气温却高达30℃,人民大会堂内又无冷气,可是1800位观众,一面摇着扇子,一面依然怀着浓厚的兴趣观看演出。演出开始,台上在各种灯光的照射下,气温更是高达36℃,赤着膊已是大汗淋漓,可演员们仍穿着厚厚的演出服,还得在台上跌打翻滚,一段舞跳下来,个个是汗湿衣衫。饰演杨白劳的董锡麟,人本来就胖,演出时穿着棉袄,惨死后躺在台上,他说:"人真像死去一般,连气也透不出来。"辛丽丽、杨新华说:"在这种高温下跳舞,演一场等于消耗两场体力。"尽管如此,为了对观众负责,不改一招一式。有的女演员中暑仍坚持演出。不少女演员要换装,因汗流浃背,服装脱下、穿上都很困难,但谁也没有怨言。

11月,《白毛女》首次赴常州、盐城演出四场。两市人民从未在舞台上看过芭蕾舞剧演出,如今能现场目睹《白毛女》演出,感到十分新奇。看到天幕上飘着纷纷扬扬的雪花,听着《北风吹》优美熟悉的旋律,观众席上不时响起阵阵掌声,面对演员们的精彩表演,更是激动不已,掌声、欢呼声不绝于耳。演毕,观众久久不愿离去,出现了"剧终人不散"的动人场景,不少观众纷纷登台争着与演员合影。盐城原是新四军军部所在地,一些老同志观看《白毛女》后激动得热泪盈眶。一位老同志说:"白毛女遭遇的苦难,我们感同身受,不能忘记过去,更要珍惜今天,《白毛女》这种高层次的高雅艺术,既是美的享受,又是生动的思想教育。"

1997年6月,《白毛女》问世32年来首次赴哈尔滨演出,林泱泱表示:为了开拓东北演出市场,即使亏本也要去。结果轰动哈城。舆论认为《白毛女》的演出"简直到了登峰造极、无可挑剔的程度,这样的艺术精品是无价之宝"。

1999年8月,上海芭蕾舞团赴深圳宝安区演出《白毛女》,遇到了一件新鲜事。宝安区郊县的万丰村和塘宅村农民闻悉演出《白毛女》,纷纷要求观看,经村委会研究决定包场。农民进城包场观看《白毛女》,这在上海芭蕾舞团演出历史上尚属首次,是改革开放带来的新气象。演出那天,宝安区新安影剧院的大门前赫然挂着两条直幅,上书"宝安沙井万丰村与高雅艺术相邀,宝安福安塘宅村与经典芭蕾握手",十分醒目。万丰村、塘宅村的6000多位农民分乘大巴赶了20多公里路,兴致勃勃地来到宝安观看演出,剧场内自始至终气氛异常活跃,尤其是白毛女的坎坷命运时时牵动着农民的心,跌宕起伏的情节引起农民强烈的共鸣。演出结束时,广大农民观众全体起立,长时间鼓掌,谁也不愿离去。演员们也深受感动,辛丽丽、杨新华把农民献的鲜花纷纷往观众席上抛去,更是掀起阵阵热浪,台上台下顿时成了欢乐的海洋。塘宅村的一位农民兴奋地说:"我们是第一次进城看芭蕾演出,高雅艺术太迷人了!如果不是改革开放,我们农民是没有福分欣赏芭蕾的。"

2000年8月,上海芭团应邀相继赴宁夏、贵州、重庆、成都等西部地区巡回演出15场,其中《白毛女》8场,"芭蕾精品专场"7场。西部人民对芭蕾情有独钟,大大出人意料,新闻媒体惊呼:西部刮起了芭蕾旋风。《白毛女》经典光芒永

豪华落尽是真淳 艺术评传

远闪耀，人们为芭蕾的无穷魅力所倾倒，观众自始至终沉浸在舞剧营造的氛围中，随喜儿而喜，随喜儿而悲。西部人民对芭蕾精品专场同样抱有极大热情，如诗似画的芭蕾令人陶醉，尽管最高票价达 480 元一张，但不少观众认为花这些钱看芭蕾值得。上海芭团是首次赴宁夏、贵州演出，更是建国以来到宁夏演出大戏的第一个上海艺术表演团体。芭蕾演出市场在西部大有可为，天地广阔，演出一票难求。正如宁夏文化传播公司总经理所说："我们生在西部的不发达地区，我们渴望并积极争取看到世界上最优秀的舞台艺术，这是宁夏发展的需要，也是社会文明进步的标志。"上海芭团是在党中央实施西部大开发的战略决策下进行西部巡演的。正如重庆市委宣传部部长所说："上海芭团是享誉国内外的文化使者，冒着酷暑，不远千里来演出，是对西部大开发的热情支持和强烈的责任感。"

林泱泱在开拓国内演出市场的同时，也在努力拓展国际演出市场。不仅增强了上海与各国艺术家的交流，也扩大了上海芭蕾舞团的国际影响力和知名度。上海芭蕾舞团相继赴美国、印度尼西亚、新加坡、澳大利亚等国及香港、台湾地区演出。

为纪念《联合国宪章》签署 50 周年，应美国旧金山芭蕾舞协会的邀请，经文化部批准，以时任上海市文化局副局长贺寿昌为团长、林泱泱为艺术总监的上海芭蕾舞小组一行 18 人，于 1995 年 5 月 3 日至 16 日赴美国参加旧金山国际舞蹈节。旧金山国际舞蹈节是《联合国宪章》签署 50 周年纪念活动的重要组成部分。来自英国、法国、德国、日本、澳大利亚、荷兰、委内瑞拉、中国、加拿大、瑞典、俄罗斯、古巴及东道主美国共 13 个国家的 150 余名芭蕾舞演员参加了这次盛会，都是当年参与签署《联合国宪章》的国家派出的舞蹈团体。美国总统克林顿也为舞蹈节发来了贺信。演出地点选择在 50 年前由董必武同志代表中国签署《联合国宪章》的旧金山战争纪念歌剧院。这次舞蹈节群星荟萃，节目丰富多彩。尽管各个国家的体制不同，语言不通，但是，大家都用相同的语言芭蕾来表达共同的心声，用舞蹈艺术促进世界人民的团结与和平。这是一次具有特殊意义的舞蹈盛会，也是一次极为难得的世界性芭蕾编导、演员的聚会。因此，组委会将这次舞蹈节的主题命名为"舞蹈将我们联合在一起"。

上海芭蕾舞团是第一次赴美国献演民族芭蕾舞剧。美国之行将在上海芭蕾舞团历史上写下重要的篇章。同时，也是上海芭蕾舞团走向世界的良好开端。这次舞蹈节共上演 15 个节目，分为 A、B、C 三组。中国与加拿大、瑞典、委内瑞拉、美国排在 B 组,同台演出,每个国家演出三场。各国必须上演本国的编导和作曲家的作品,节目长度为 20 分钟左右。上海芭蕾舞团演出的剧目是由林泱泱编导、陈本洪作曲的独幕舞剧《桃花潭》,该剧创作于 1988 年"上海之春"音乐节。这是一个表现小人物命运和平凡人生非常遭遇的故事,具有浓厚的乡土气息。故事发生在中国湖南省与贵州省交界的偏僻山村里。舞剧以不同于古典舞剧的格式结构和现代的编舞手法,成功地把戏剧芭蕾领进现代剧场,信心十足地面对现代观众。在旧金山芭蕾舞团交响乐队伴奏下,每场演出,能容纳 3000 余名观众的战争纪念歌剧院座无虚席,许多热心的芭蕾爱好者买了站票兴致勃勃地挤在后排站立观看。《桃花潭》结构严谨、描述细腻、戏剧气氛跌宕起伏、舞美设计独具匠心,古朴的场景设置,蓝花布的屏风式的布景不断地移动,大段的双人舞和抽象变形取自中国民间舞语汇,营造着中国人强烈的感情色彩和人物矛盾纠葛的气氛,并以中国传统的灯笼和蜡烛点缀,展现着一幅幅中国土色土香的生活画卷。观众们更是为演员精湛的表演所折服,演员谢幕达十余次,掌声长达七分钟之久,场面感人,盛况空前。

舞剧《桃花潭》参加《联合国宪章》签署 50 周年纪念演出,与旧金山芭蕾舞团交响乐队指挥合影

豪华落尽是真淳·艺术评传

舞剧《桃花潭》在旧金山最后一场演出后合影

　　《桃花潭》的演出在旧金山引起了强烈的反响。演出结束后,许多观众对林泱泱说:"你们的演出是最美的,非常动人,非常漂亮。"一位著名的舞蹈评论家说得更为形象:"美国人说的中国菜好吃,但吃过了很快就饿了,看了你们的演出却几天都不饿,一直在心中回味。"旧金山芭蕾舞团艺术总监汤姆逊几次对林泱泱讲:"你们的演出很成功,这个戏很耐看,希望有机会能看到更多更好的中国芭蕾作品。"旧金山的报纸、电视台对上海芭蕾舞团的演出给予了很高的评价,许多人慕名前来观摩,有的甚至特地从其他城市赶来看演出。最后一场结束后,旧金山华人特意举行了招待会,他们发表了许多感人肺腑的赞美之词,为中国芭蕾艺术的发展感到自豪和骄傲。时任中国驻旧金山领事馆总领事宋增寿及李副总领事分别观看了演出,并在领事馆隆重举行庆功招待会,祝贺上海芭蕾舞团演出成功,表彰上海芭蕾舞团为国争光。时任旧金山市市长米·乔登还宴请贺寿昌团长、林泱泱艺术总监,给予上海芭蕾舞团的演出以很高赞誉。

　　这次赴美演出具有时间紧迫、任务繁重、强手如林、背景复杂、政治影响大等特点。文化部确定此项任务,距离沪只有八个工作日,行前准备工作仓促,旧金山华人背景复杂,且上海早已去美国的芭蕾同行就有六七人,资本主义世界的金钱物质十分诱人,在旧金山 12 天的日子里,不时有各种各样的"朋友""热心人"

以各种形式与团员接触。刚到旧金山第二天,舞蹈节组委会安排联系芭团的旧金山华人赵某试图劝说主要演员留在美国工作,并诱惑说:"赔偿6万元违约金算什么?我来付!"还几次电邀外出吃夜宵。为避免事态发展,林泱泱配合团长及时与组委会交涉,建议赵某另行安排工作,并设法切断赵某与驻地通讯联系,排除干扰。

面对12个外国演出团的强手竞争,林泱泱为提高演出质量,全体演员放弃假日,以饱满的热情,每天坚持练功排练,大家纷纷表示:要尽最大的努力,为上海争光,为上海芭蕾舞团赢得荣誉。在旧金山期间,团员们互相关心,互相照顾,严格遵守纪律,没有发生违反外事纪律的事件和问题。许多团员深有感触地说:"美国一行使这么多国家的芭蕾同行都认可上海芭蕾舞团,使旧金山的市民都熟悉了上海芭蕾舞团,也使我们更爱上海芭蕾舞团。"这次舞蹈节云集了世界上许多优秀的演员和著名的编导,与150名各国芭蕾舞演员同教室练功,同台演出,林泱泱有幸目睹了许多优秀演员的敬业精神和精彩表演,欣赏到了当今世界最走红的编舞家的传世作品。委内瑞拉、美国、瑞典等国的演出,以高难度的古典芭蕾技巧,溶于现代芭蕾之中,均获得了很高的声誉。从中林泱泱看到:上海芭蕾舞团在演员的整体实力和编导的现代意识等方面与其他国家相比仍差距较大。

就艺术表演团体的建设问题,团长、艺术总监与旧金山芭蕾舞团进行了对口交流。旧金山芭蕾舞团演员阵容强大,整体艺术水准高;下设芭蕾舞学校,人才来源渠道畅通;附属交响乐队在美享有较高知名度;管理实现电脑化;演出计划详尽,并提前一年确定;硬件设施先进,全年经费开支1800万美金,经费来源主要依靠演出收入、企业资助和政府支持。交流使林泱泱对如何管理和经营世界级的芭蕾舞团,有了直接的感性认识,收获匪浅,并看到了上海芭蕾舞团与世界级芭蕾舞团在管理上的差距。

应台湾《民生报》之邀,华信(中国)集团的鼎力相助,以时任上海文化联谊会副会长肖炎为团长,上海芭蕾舞团总经理唐世伟、上海市艺术创作中心主任严明邦为副团长,林泱泱为艺术总监的上海芭蕾舞团赴台演出团一行76人,于1995年5月26日至6月8日相继赴高雄、台南、台中、台北演出七场,观众近一万四千人,无论是四场古典芭蕾舞剧《唐·吉诃德》,还是三场"雅致舞集"芭蕾精品专场,均受到台湾广大同胞和舞蹈界的交口称赞。不仅演出取得圆满成功,而且收到了增进相互了解、促进文化交流的积极效果。

5月28日在高雄的首场演出,一炮打响,剧场座无虚席,鸦雀无声,开演40分钟后,剧场门口仍有数十人要求索票进场(因不售票),有些观众干脆在休息厅站着观看电视现场直播。当辛丽丽、杨新华在第三幕中表演《婚礼》双人舞时,观众随着音乐节奏一起鼓掌,"勃拉伏"(bravo的音译,意为喝彩)的叫好声不绝于耳,一位坐着轮椅的女青年说:"我的手都拍肿了。"谢幕时,观众直呼"辛丽丽、杨新华好",演出结束,后台簇拥着四五十个舞迷排起长队,纷纷请辛丽丽、杨新华签名并合影留念,盛况空前。

台湾舞蹈界前辈,古稀之年的李彩娥女士观看首场《唐·吉诃德》后激动不已,赞不绝口说:"演出非常成功,美极了,演员很有气质,表演自然,没有虚假,我感动得流泪了,今晚肯定睡不着觉了。"翌日晚,李彩娥女士又兴致勃勃地观看了第二场演出,她连声说:"太美了,百看不厌。"当芭蕾舞团赴台南演出时,她不顾年迈劳累,还携儿子、儿媳、外孙赶到台南,饶有兴趣地观摩了"雅致舞集"芭蕾精品专场。她情不自禁地说:"上海芭蕾舞团舞蹈家的精湛技艺,使我终生难忘,这是中国人的骄傲!"媒体盛赞"大陆一流舞团,演出脍炙人口""上海芭蕾舞团与中央芭蕾舞团并驾齐驱,优秀舞者云集""舞团出神入化的演出,将芭蕾之美表现得淋漓尽致""使人强烈感受到一股力与美交融的酣畅""观众如痴如醉"等,赞扬辛丽丽、杨新华是"超级王牌舞者"。

高雄是上海芭蕾舞团台湾之行的第一站,最后一站是在台北。台湾朋友都说一个艺术团体的水平究竟如何,要到台北才能定论,因而在高雄的演出虽然相当成功,但对台北的演出丝毫不敢掉以轻心。为了培养青年演员,林泱泱经过反复慎重研究,决定要让张薇莹、孙晓军在重要场次中挑大梁,因而安排他们在台北首场演出。尽管资助单位几位老总反对,林泱泱仍然坚持自己的意见,因为这个决定不是轻率之举,小张、小孙1994年相继在美国杰克逊、法国巴黎国际芭蕾比赛中得过奖,虽然没有演过《唐·吉诃德》全剧,但全剧最重要的第三幕都在上海及外地演过多次,而且在赴台前全剧也排练过两次,因而对他俩首演成功是有把握、充满信心的。事实证明,这个决策是正确的,既展示了上海芭蕾舞团演员实力,后继有人,又能给人耳目一新,造成又一个轰动效应。

台北首场演出由被誉为"明日之星"的张薇莹、孙晓军担纲,晚上7时半开演,可是7时前400余名观众已在孙中山纪念馆门口排起了长龙,等候入场。演出后,随着剧情的发展和小张、小孙高难度技巧的不断亮相,观众的情绪也随之一浪高过一浪。第一幕中,小孙单臂托举,在空中停留约10余秒,令观众赞叹不已;第三幕中,小张在脱离舞伴下的连续三次单脚尖站立相当稳定,32个单腿转,小孙在跳变奏时惊人的爆发力,更是令现场叫好声此起彼伏。演出结束时,全场一片欢呼,掌声经久不息。一批台北艺专芭科学生异口同声地说:"我们和张薇莹同龄(19岁),可她却跳得这么好,真了不起!"舞蹈教师孔和平说:"一个舞团技术好的大有人在,但站在台上能有那种帅劲很少见。"

这次赴台前,当时一部分演员赴美演出,留团演员仍抓紧时间排练,赴美演出返沪后的演员没有休息一天,马不停蹄投入全剧连排,直至赴台前一天才停止。另外,赴台前还先后两次预演,以确保演出的整体水平。赴台前,林泱泱仍然狠抓艺术质量,亲自授课,坚持天天练功,艺术作风一丝不苟。不少演员是抱病参加演出,杨新华脚上患有骨刺,经常疼痛,可他不叫一声苦;辛丽丽膝盖动过手术,时有隐痛,在高雄首场演出时,她的小腿几次抽筋,有一次还发高烧,但她咬紧牙关,坚持演出;张薇莹在台北首场演出时,因是第一次跳大戏,下场时小腿突然抽筋,但她揉几下,若无其事地登台,依然龙腾虎跃;周瑾患有妇女病,但出场仍然精神抖擞。在高雄、台北首场演出那天,均是上午练功、走台,下午电视录像,整天没有休息,可是晚上演出,大家精神还是那么饱满,因为把最精美的艺术奉献给台湾同胞,这是大家共同的心愿。演员队每当演出结束,都轮流把男女化妆间打扫得干干净净,受到各剧场工作人员的一致好评。舞美队同志因忙于装拆台,大部分时间是和演员队分开活动的,他们不仅经常连续作战,几天不睡觉,而且很少有机会参加宴请,但他们没有怨言,相反千方百计把舞台装好,以确保演出的艺术质量。这些良好团风均给有关方面留下深刻印象,他们翘起大拇指说:"上海芭蕾舞团好!"

上海芭蕾舞团每到一地,当地有关人士出面宴请,以礼相待,畅叙友情,十分友好。抵高雄后翌日,时任高雄市长吴敦义先生的夫人即举行欢迎午餐,她说:"观赏大陆一流表演团体的艺术,不仅是文化交流,而且是生活、生命的分享,尤其现在特别需要。"5月29日中午吴敦义先生举行宴会,他说:"许多观众告诉我,演出非常好,同心协力,一气呵成,演员年轻,上海芭蕾舞团是非常杰出、非常有水准的舞团,我们同是中国人,让血浓于水的感情永存大家心中。"5月30日,台南市市长夫人也为演出团举行欢迎宴会。6月2日时任台中市市长林伯榕先生宴请上海芭蕾舞团,他致词说:"我们林家从230年前自福建来台,我已是第七代,我代表台中3万市民欢迎上海芭蕾舞团。上海芭蕾舞团不仅是中国大陆,而且在世界上都是顶尖的艺术团体,台中素有文化城的美誉,这次非常荣幸能欣赏你们的演出。"在6月7日晚的惜别餐会上,《民生报》总发行人王效兰女士的讲话十分动情:"我天天盼望着你们来,与先遣人员是一见钟情,一直兴奋到现在,睡不着觉。我想这么好的芭蕾舞团,如果我不能亲眼目睹,将是终身的遗憾!"《民生报》记者林清原先生即兴赋诗一首:"高潭映日月,明潭万里情,情深聚两岸,两岸血相同;同根本一家,分合转眼过,终究同携手,前程日月长。"表达了两岸人民的共同心声。

双人舞《潭》剧照

在台的十余天时间里,林泱泱还接触一些台湾舞蹈界人士,共话艺术,进行交流。高雄首场演出后,林泱泱率李春源、沈思佳前往中华艺校进行一次短暂的艺术交流,林泱泱给该校一、二年级学生上了半小时芭蕾基训课,李春源、沈思佳即兴表演了《潭》的双人舞片断,许多学生兴奋地说:"看到同是东方人的芭蕾舞者,能有如此精湛的舞技,令我们心中升起无限希望。"在与台北艺专和台北芭蕾舞团教师座谈时,两岸舞蹈家从创作、教学到生活无话不谈,气氛十分轻松融洽,他们说:"大陆以政府力量培植训练舞蹈人才和比赛选手,其优势连西方国家也羡慕。"大家对如何将中华文化转换为芭蕾艺术甚感兴趣。林泱泱发表了自己的见解:从内容到形式,从音乐到舞美都应是中国的,同时兼融古典和现代的动作,就会产生富于民族特色的新芭蕾。林泱泱与台北艺专资深舞蹈家姚明丽的相见格外亲切,因八年前,林泱泱率辛丽丽、杨新华赴美国参加第一届纽约国际芭蕾比赛时,曾与姚老师相识,今日重聚首,显得更高兴。通过这些活动,既重温了旧情,又结交了新朋友,增进了了解,增进了友谊。

这次《民生报》派出精兵强将的三人接待小组,全程陪同,各项活动安排得井井有条,十分得体。《民生报》还发挥自己的优势,广泛宣传,加上《中华日报》《自由时报》《儿童日报》《联合报》等,共发表了 38 篇文章,剧照 31 张。而且《民生报》是全方位地跟踪报道,从赴台前的预演到赴台后的练功,从团的简介到每个主要演员的介绍,从演出盛况到日常生活,从艺术交流到参观游览,无所不报,这在上海芭蕾舞团历史上是绝无仅有的。正因为广泛宣传,使上海芭蕾舞团扩大了影响,提高了知名度。

应印尼推广艺术杰作公司邀请,由雅加达红十字会及印中友协参与主办,以袁惠国、沈韦川为正副团长,林泱泱为艺术总监的上海芭蕾舞团赴印尼演出团一行 39 人,自 1995 年 6 月 27 日至 7 月 15 日相继赴雅加达、泗水演出九场。此次赴印尼演出,由文化部中演公司和上海对外文化交流公司组织,得到中国驻印尼大使馆积极支持及印尼陆军总参谋长的友好合作,使演出获得圆满成功。演出团本着"促进中、印尼文化交流,加强两国人民的友好交往,让印尼人民通过我们的艺术了解上海"的宗旨,在十九天里往返雅加达、泗水,为印尼政界、商界、军界、文化艺术新闻人士及华侨一万三千人,献演了《天鹅湖》《最后时刻》等九个古典、现代及上海芭蕾舞团创作节目。

雅加达红十字会会长、印尼中国友协主席、中国驻印尼大使馆公使衔参赞、文化参赞、印尼政府要员、印尼华侨先后观看了演出。印尼和中国恢复交往以来,上海芭蕾舞团是首次把高雅艺术带进印尼的大团。在此之前多为杂技、魔术、气功、歌舞等。印尼观众除在十几年前曾看过苏联芭蕾舞团演出外,再没有欣赏过任何一个国家的芭蕾艺术。"上海的天鹅太美了!"这是印尼广大观众和舞蹈界对上海芭蕾舞团赴印尼演出的一致评价。这是 30 年来,上海"天鹅"首次飞赴千岛之国。雅加达首演前,100 多位观众穿着艳丽的民族服装,早已在入口处排队等候。当季萍萍、陈真荣表演《吉赛尔》双人舞时,那轻盈的托举、落地无声的跳跃,令观众大为惊奇;当张薇莹、孙晓军表演《唐·吉诃德》双人舞时,那高超的技艺赢得观众 26 次掌声；当辛丽丽、杨新华表演《天鹅湖》时，那抒情细腻的风格、珠联璧合的默契，使全场观众为之倾倒。演出结束，三四十个舞蹈学校的学生一拥而上，把演员团团围住，纷纷要求演员签名合影。首场演出后，文化部下属的中国演出公司还发来贺电，盛赞演出成功、纪律严明、为祖国争光。印尼舞蹈界还为上海芭蕾舞团举行了一次别开生面的欢迎会，主人用舞蹈来抒发对中国人民的友好感情，一段富于浓郁民族风格的欢迎舞，舞出了真情，边舞边向辛丽丽、林泱泱献丝巾；具有强烈迪斯科节奏的舞蹈《蟋蟀在歌唱》，则唱出了印尼人民向往和平、友谊的心声。此后这两个舞蹈就参加上海芭蕾舞团的联合演出，使剧场的气氛更为热烈。特别是热爱中国文化艺术的华侨、印尼各地的舞校师生和芭蕾爱好者反应更为强烈，对上海芭蕾舞团演职员十分热情，许多华侨携带子女在演出前一小时就排好长队，等候在演出厅门口；许多舞蹈学校的校长、教师及学生连续观看三四场演出，还有的专程从外地赶赴雅加达和泗水；每场演出观众们都穿上盛装与礼服，把观看上海芭蕾舞团演出作为高尚的礼仪、庆典活动和自己的荣耀。有很多学舞的学生要求到上海芭蕾舞团学习芭蕾，并提出加入上海芭蕾舞团的请求。还有华侨在演出的第二天带子女到宾馆看望演员，赠送纪念品和水果。7 月 14 日，在印尼最大的会议中心 Jakarta Convention Centre，为印尼军人及家属演出二场。印尼方认为这两场的演出是最重要的，早在 3 月 30 日印度尼西亚日报就发表消息："作为中国驻我国大使的其中一个努力与功劳，'印度尼西亚-中国经济、社会文化协会'在与我国陆军总参谋长合作之下，

印尼演出时与接待方合影

将于今年七月十四日呈献'上海芭蕾舞团'艺术演出的娱乐,以供在迎接我国独立五十周年大庆环境中欢娱社会大众与陆军家属。"演出之前,五位穿五种军服的女兵代表印尼五个兵种,庄重地向上海芭蕾舞团领导和演员代表献花,表示他们对上海芭蕾舞团的敬意和感谢。

这次赴印尼演出是在刚刚结束赴台湾演出之后两周,准备时间十分仓促,林泱泱决定首先在时间上保证排练和舞美准备。上海芭蕾舞团从第一代演职员起,长期以来形成了一个优良传统:在国内外巡回演出时,自觉维护整体形象,以艺术质量为重,对观众绝对负责。赴印尼演出团继承发扬了

印尼演出时留影

上海芭蕾舞团的好传统。雅加达和泗水都是发展很快的新兴城市,但经济与文化的发展并不同步,文化设施很不完备,没有像样的正规剧场。九场演出,有几场是在五星级宾馆大宴会厅按剧场要求搭台,安放一排排椅子,改成演出厅;三场是在会议中心,也要将演讲台改成舞台。芭蕾对舞台又有特殊的要求,舞美任务十分艰巨。对此林泱泱与五位舞美设计和技术人员商量如何解决舞台演出遇到的各种困难,而舞美人员则不畏困难,每赴一处不分昼夜,连续作业,有时两天两夜不能休息,和印尼技术人员、劳工密切合作,十分圆满地完成了舞美工作。演出一结束,演员们不顾疲劳立即投入拆台工作,杨新华、孙晓军等主要演员也不例外,每个演出地转移时,道具的搬运、装车,出入机场,都由男演员和舞美人员共同完成。对于持有"胶皮时间"观念和工作效率的印尼人来说,上海芭蕾舞团的时间观念、整体意识和工作效率开始和国际接轨。许多观众演出后,还要留下来亲眼看着演员、工作人员一起拆完台才肯离去,他们称赞"上海芭蕾舞团是个组织纪律性很强的团体"。

在印尼演出期间,时常会碰到因印尼接待方工作失误而产生的问题。对此每个团员都能做到耐心面对现实,不发牢骚。一次接去演出的客车迟迟不来,大家按捺住焦急的心情,安静地等候在宾馆大堂内足足两小时,没有一个人回自己

的房间,也没有一个人发牢骚,直到问题解决。另一次,泗水接待单位派车接大家至某餐馆吃午饭,由于司机的差错,将大家送到演出之地后又到处寻找,经过一个半小时的折腾,才将疲惫不堪的团员们送到餐馆,大家忍着饥饿,彬彬有礼地走进餐馆,吃了饭顾不上休息就赶到剧场排练、演出,使印尼朋友感到上海芭蕾舞团是个有礼貌有修养、容易合作的团体。

按合同在印尼演出期间,伙食由上海芭蕾舞团自行安排,但演出团居住的宾馆周围没有一家中餐馆,团员们都担心十九天怎么过。团部考虑吃饭问题已成为印尼演出的突出矛盾,团部领导亲自与分工负责伙食的同志一起立即想办法解决好这个问题。于是团长、副团长、翻译、中演公司代表与负责伙食的同志一起到处察看、寻找,最后选中熊猫(中餐)快餐店,请他们负责每天将盒饭送进宾馆,并天天与老板研究配菜、送点心等问题。这样虽然很辛苦,但演员们生活安定,不必离开宾馆为吃饭问题奔波,饭菜接近中国口味,又卫生,后顾之忧解决了,大家更集中精力投入演出。

作为艺术总监,林泱泱随上海芭蕾舞团和上海交响乐团、上海乐团等单位演职人员组成的《白毛女》芭蕾舞团一行 140 余人,于 1995 年 10 月 23 日至 25 日首次赴香港演出三场,取得了巨大的成功,为上海市赢得了很高的荣誉。《白毛女》是上海芭蕾舞团应邀参加香港市政局举办的中国舞蹈节演出剧目。这次香港舞蹈节从 10 月 19 日开始至 11 月 15 日结束,先后有七个艺术团体参加演出,包括舞剧、芭蕾舞、现代舞及民族舞。据香港新闻媒体反映,芭蕾舞剧《白毛女》是这次舞蹈节最受欢迎的节目之一。香港电台、电视台的宣传报道无法统计,单香港报刊宣传评价文章就有 24 篇,刊登剧照 16 幅。新闻媒体称赞上海芭蕾舞团为"蜚声国际的芭蕾舞团",称芭蕾舞《白毛女》是"中国二十世纪舞蹈经典作品""风靡神州大地的中国第一部现代经典芭蕾舞剧"。演出场地香港文化中心拥有三千多个座位,三场演出均观众爆满。剧场观众席有三层,第三层观看效果欠佳,按惯例只卖到二层,但观众踊跃,剧场欲罢不能,只好把第三层也售票开放。演出过程中,不时掌声雷动,每场演出结束时,均全场起立,鼓掌长达 12 分钟,并伴有欢呼声。

芭蕾舞剧《白毛女》,以其深刻的历史和思想内容,在香港观众中引起共鸣。报刊评价说:"芭蕾舞剧《白毛女》中的女主角饱受凌辱,逃进深山,历尽艰辛苦难,由天真纯朴的喜儿变成刚强不屈的白毛女,这一人生经历,给观众留下了深刻的印象。"该剧"生动揭示了旧社会劳动人民受压迫剥削、受侮辱摧残的苦难生活","反映出地主和资产阶级残酷剥削压迫下,劳动人民血泪生活和反抗,看了很受感动"。《上海芭蕾舞团〈白毛女〉富浓重中国特色》一文说:《白毛女》"故事情节传奇典型","故事本身已够吸引人(据闻真有事实为蓝本,并非凭空编撰),再加上编剧家当中强化了女主人公与亲情和与男主人公的爱情,更着意刻画出乡亲之情、乡亲与军队之情,有血有肉,感染力特强"。《〈白毛女〉来港公演》一文说:"年轻一辈的观众,对《白毛女》不会熟悉,却不会陌生……早在四十年代就曾在九龙的普庆戏院上演过一台歌剧《白毛女》哩。"该文以这次芭蕾《白毛女》演出和 1994 年芭蕾《红色娘子军》在港演出均卖座叫好的情况,分析说:"在香港,舞剧观众既喜欢看传统的作品如《天鹅湖》《吉赛尔》……之类,对大陆'文革'期间的创作——'样板戏',也不排斥。"

芭蕾舞剧《白毛女》,以其独到的艺术成就和艺术魅力吸引了海外广大观众,香港新闻媒体争相评价,赞叹不已。《大型芭蕾舞剧〈白毛女〉融歌剧戏曲舞蹈于一身》一文,称该剧是"中国芭蕾舞奠基之作"。文中说:"这出芭蕾舞剧广泛地汲取了中国古典舞、民族民间舞、传统戏曲、武术及戏剧表演的元素,加强了舞蹈的戏剧性,丰富了芭蕾舞表现现代题材的手法及能力。""以歌剧音乐为基础,采用了戏曲音乐和民歌基调,保持以旋律为主的民族特色,芭蕾的肢体语言与优美的音乐融为一体,载歌载舞,雅俗共赏,使人倍感亲切。"《细说芭蕾舞剧〈白毛女〉》一文,对主题曲"北风吹,雪花飘"的旋律,及舞蹈表现手法与技巧,作了艺术上的分析,称赞主题曲已成为"家喻户晓,百听不厌的名曲",舞蹈动作是"丰富多彩、开阔奔放、准确精当"的芭蕾语汇。《〈白毛女〉人情浓郁》一文说,《白》剧"使男女主角的技巧发挥至最高程度",称赞剧中几次出现的双人舞是"高技巧与感情高度交流的表演"。

香港新闻媒体对杨新华、辛丽丽等男女主角的表演给予了高度评价。在演出结束后九天,即 11 月 4 日,仍有文章评论芭蕾《白毛女》,以《男女主角登峰造极》为题,进行追述。文章强调说:"辛丽丽与杨新华两位当代芭蕾舞坛高手,未有变成技巧的表演工具,而是尽量以个人的理解与修养",对剧中人物的激情"作尽情的流露","作淋漓的呈现","这是使本地观众最易被感染的、最能理解的男女主角情爱流露的双人舞表演了"。并说:"杨新华潇洒的外形、举止硬朗、情爱坚定的凛冽神态,以及腾空弹跳、多次转体的舞艺;辛丽丽自如流畅地把白毛女那纵使年轻已饱经风霜的沧桑外貌与性格表达尽致,特别在多个凌空劈叉中,收得异常美满的效果。"

　　林泱泱狠抓演出艺术质量,排练一丝不苟,行前在云峰剧场演出三场,以广泛听取反映;每场演出之后,都和编导人员一起进行研究,肯定成绩,指出不足,调整角色和演出力量。剧团到达香港后,立即进场排练,每天上午和演出前夕,演员都坚持练功和走台,保证了演出的顺利成功。林泱泱在港演出期间,接受了《大公报》的专访,谈了芭团的体制改革、剧目积累、人才培养、提高艺术水准等问题。林泱泱说:"舞团最迫切的问题是要做到提高艺术水准,积累剧目及培养更多新的人才。要提高艺术水准,必须尽量和国际的芭蕾接轨,加强国际交流。我们打算不久的将来聘请外籍演员加盟,担任主要演员,此举对双方都有好处,他们能带来好的经验,从中增强我们的实力。上海芭蕾舞团的演员,只要不和本团的演出任务有冲突,也可以出去到其他团作客席演出,就像杨新华过去在香港芭蕾舞团工作那样。"谈到体制改革时,林泱泱说:"我们实行体制改革已经两年半了,现在采用聘任制,每一年跟演员签约,双方都可以选择,我们可以留用演员,他们也可以决定离开。"谈到剧目积累,林泱泱说:"为了积累剧目,古典的舞剧固然要演,更重要的是创作自己的节目,古典的和新的剧目都得兼备。"

　　1996 年,应澳大利亚 WPD 演出公司之邀,林泱泱为艺术总监的上海芭蕾舞团一行 140 人,于 9 月 27 日至 10 月 26 日在澳大利亚的墨尔本、阿德莱德、悉尼、堪培拉相继演出十四场现代芭蕾舞剧《白毛女》全剧及《唐·吉诃德》《天鹅湖》等古典芭蕾片断,由久负盛名的上海交响乐团伴奏,著名歌唱家朱逢博领唱。这是上海芭蕾舞团建团 18 年来第一次以 140 人的强大阵营出访一个西方国家,也是上海少有的大型出访团。演出受到热烈欢迎,被澳洲新闻界誉为"卷起亚洲艺术旋风"。

　　赴澳首站演出是在墨尔本。当演出团抵达墨尔本后,为了给演出作宣传,青年演员孙晓军奉命只身赴悉尼电视台表演古典芭蕾精品《唐·吉诃德》中的一段变奏并现场直播。可是电视台演播厅是大理石地板,还打了蜡,连走路都有些滑,不要说跳舞了,更何况跳的还是高难度的《唐·吉诃德》变奏。孙晓军一看傻眼了,但冷静一想:中国芭蕾演员是首次在澳洲舞台上亮相,何不借此机会,让澳洲人民看看中国艺术家的崭新风貌。于是他眉头一皱,计上心来,要求在大理石地板上洒可口可乐,待将干未干时再跳,那时会产生一种黏性,可防不测。好在孙晓军控制能力很强,表演时依然洒脱自如,赢得观众击节赞叹,称他是"一位冉冉升起的芭蕾明星"。演毕,他望着大理石地板,反而有些后怕了。

与澳大利亚小芭蕾迷合影

被誉为澳大利亚艺术首都的墨尔本,夜晚十分迷人,坐落在雅拉河畔的维多利亚艺术中心更是金碧辉煌。10月1日晚,上海芭蕾舞团在此首演《白毛女》,以庆祝中华人民共和国成立四十七周年。这是中国芭蕾首次在此亮相,因而吸引了两千名澳洲观众和华侨。时任中国驻澳大使华君铎、澳前总理霍克等均出席观看。《白毛女》浓郁的民族风格、优美动听的音乐倾倒澳洲观众,领衔主演的辛丽丽、杨新华以及瞿笑意的精湛技艺令观众赞叹不已,演出自始至终掌声不断,连第一场参军舞、大春与狗腿子开打、第五场中表演的手榴弹舞也赢得如雷掌声。《白毛女》演出结束后,还加演了三个古典芭蕾精品,更使观众折服。尤其是压台戏张薇莹、孙晓军表演的《唐·吉诃德》中的《婚礼》双人舞,把演出推向一个新的高潮,掌声经久不息,不时伴随着"勃拉伏"的喊声,演员多次谢幕仍欲罢不能,出现了剧终人不散的动人情景。

霍克夫妇在观看了首场演出后,给 WPD 演出公司总经理巴伯打电话,说和他一起观看演出的那些重要人物都很喜爱和欣赏这场芭蕾舞,这是一场世界一流水平的演出。一位澳洲老艺术家还称赞《白毛女》既保留了西方古典芭蕾艺术

在澳大利亚演出期间参观剪羊毛

的韵味,又表现出中国民族舞蹈艺术的独特性,是中西艺术完美结合的优秀作品。澳洲著名舞蹈评论家罗宾阿夏撰文认为,澳洲观众面对的是一个"世界级的芭蕾舞团""充满了艺术生命的活力""即使你不懂它的故事,仅仅看它的舞蹈编排,都会令人感到振奋"。一些华侨边看《白毛女》边情不自禁地流下泪来。他们说:"你们的精彩表演,为祖国争了光,使我们感到做中国人的自豪!"一对老夫妇在一连看了四场之后,还兴犹未尽,专程赶赴悉尼,看完最后一场演出。

芭蕾明星辛丽丽、杨新华以及孙晓军等也受到好评。有的评论指出:"中国艺术家不仅擅长表达东方文化的内蕴,而且在表达西方艺术方面同样才华横溢、光彩照人。"媒体对朱逢博的演唱也大加赞赏,殊不知在演出前半小时,著名歌唱家、《白毛女》主唱朱逢博突然胃痉挛,痛得直不起腰,冷汗直冒,有人建议由青年歌唱家方琼顶替,但朱逢博却认真地说:"今天要安排我主唱,我就要尽力去完成。"于是她吃了几片胃药,毅然登台,若无其事地引吭高歌,嗓音亮丽甜美。她充满激情的演唱,风采依旧,魅力犹在,令澳洲观众一饱耳福。

在阿德莱德的四场演出也取得了同样的成功。有一家人是朱逢博的崇拜者,打听到她住的旅馆,深夜寻踪而至,非要见她,以表示久怀的敬仰之情。他们告诉朱逢博,家中收集了很多她的唱片,每天起床后都要放一首她的歌。一对酷爱芭蕾艺术的老夫妇,他们定做了一只精美的刻有白毛女扮演者辛丽丽名字的首饰盒,献给辛丽丽。当辛丽丽婉辞时,老人说:"你的舞艺太宝贵了,你不仅是属于一个国家的,也是属于全世界的。"

在阿德莱德节目剧院演出《白毛女》时,饰演喜儿的两位青年演员瞿笑意、张薇莹先后不慎扭伤腰,而且张薇莹是在第一场临近结束时扭伤的,于是只得如实向观众说明情况,暂时休息。一下子连折两将,第三组喜儿是刚从上海舞校毕业的傅姝,虽然在国内走过一次台,但从未正式演出过,看来匆匆上场有一定困难,于是林泱泱决定由沈思佳顶替。沈思佳过去一直是喜儿的饰演者,后因脚腕处老伤,久久未愈,不得已忍痛割爱,至今已 8 个月未演喜儿。但不知怎么,她心里依然留恋着喜儿,此行她没有饰演喜儿的任务,却把请人特制的喜儿穿的红舞鞋也带来了,当林泱泱通知她立即演喜儿时,她二话没说,换好装就翩然登场,观众三次报以热烈掌声,最后她连演了 6 场。

10 月 18 日晚,美丽的悉尼港华灯初上,衣着高雅的人们早早来到了悉尼古色古香而又富丽堂皇的国立维多利亚女王剧院,怀着好奇的心情,期待着观看来自中国的芭蕾舞演出。时任中国驻澳大使华君铎在开幕式上致词说:"《白毛女》一剧是中西艺术的合璧之作,它将向在澳观众展示:芭蕾舞作为一种西方艺术,是如何在东方的土地上生根、开花的。"在悉尼的演出中,如果说白毛女在山中的独舞赢得了长时间热烈的掌声的话,那么,和大春两人在山洞中的重逢则将全剧推向了高潮,而接下来加演的古典芭蕾片断更使观众热情有加,击节称赏。坐在林泱泱前排的时任新南威尔士州参院议长马科斯·维利斯先生的两手一直情不自禁地在随着演员的舞步挥动。幕间休息时,当林泱泱问一对中年人是否看得懂时,他们表示看得懂,故事很吸引人。一位新南威尔士州政府的工作人员说:"现在我明白了,为什么中国会发生人民革命,为什么这场革命最终取得伟大胜利。"演出结束后,主办演出的 WPD 公司经理巴伯告诉记者说,他很高兴上海芭蕾舞团访澳演出所取得的成功,他说,这个舞团拥有一批并不逊色于俄罗斯和澳大利亚芭蕾舞演员的世界一流水平的青年演员,他预言说,在本世纪末之前,上海芭蕾舞团可以跻身于世界十佳芭蕾舞团的行列。

10 月 23 日傍晚,美丽的悉尼港灯光璀璨,上海芭蕾舞团一行 20 人到金碧辉煌的新南威尔士州议会大厦演出。当议长维利斯宣布演出开始时,全场响起了雷鸣般的掌声。接着辛丽丽、杨新华、孙晓军、季萍萍、傅姝、陈真荣等演员相

豪华落尽是真淳 ◆ 艺术评传 ◆

继粉墨登场,表演了《胡桃夹子》《吉赛尔》《唐·吉诃德》《天鹅湖》四个风格迥异的古典芭蕾精品。演员们准确的人物形象把握、高超的个人技巧、优美典雅的舞姿,使全场顿时成了欢乐澎湃的海洋,气氛之热烈,甚至超过在剧院的表演。当孙晓军登台表演《唐·吉诃德》时,更是高潮迭起。一位议员对林泱泱说,前些日子,他在悉尼电视上看过孙晓军表演的《唐·吉诃德》变奏,他跷起大拇指说:"孙晓军的惊人弹跳和大幅度动作,以及个人独特风格已锋芒毕露,可以断言,孙晓军将是芭蕾史上升起的又一颗新星。"

演出完毕,议长维利斯领着议员到宴会厅与一批演员共进晚餐,席间他说:"我们以特殊的礼遇感谢你们的精彩演出,我认为国家间的文化交流与贸易往来同等重要,可以增进了解和友谊。"当议长维利斯宣布可以自由交谈时,几位男女议员急忙离座奔向辛丽丽、杨新华、孙晓军,手里拿着印有出席宴请名单的贵宾卡,争先恐后地请他们签名并合影留念。坐在一旁的领馆工作人员对林泱泱说:"这是议员追星族。"正襟危坐的议员中竟也有追星族,这大大出乎意料。话音刚落,只见一位年迈议员递给杨新华一封信,林泱泱凑近一看,上面写道:"你的舞充满了美,它将永远珍藏在我有生之年的记忆中。"言简意赅,但字里行间却洋溢着对中国芭蕾演员的崇敬之情。时针指着 10 点,临行时,议长维利斯站在大门口,与大家一一握手道别,连声说:"今晚过得很愉快!"走出议会大厦,今夜星光特别灿烂,澳洲演出取得极大成功。

上海芭蕾舞团无论在剧目积累、人才培养、国内外演出方面均取得令人瞩目的成绩,这是不断深化文艺体制改革的结果。上海芭蕾舞团于 1979 年成立时,正值党的十一届三中全会召开以后,因而从领导到群众,蕴藏在内心的社会主义积极性充分发挥出来,各方面都显示出朝气勃勃的青春活力,尤为突出的是创作,以其思想活跃、富于独创而闻名舞坛。且参与创作的人员有 20 余人,令人刮目相看。根据电影《傲蕾·一兰》改编的大型舞剧《玫瑰》,成为粉碎"四人帮"后创作的全国第一部舞剧;根据鲁迅小说改编的芭蕾舞剧《魂》《阿Q》《伤逝》,破除了芭蕾表现王子公主的陈框老套。团长胡蓉蓉等根据同名话剧《雷雨》创作的舞剧赴京演出时,更是轰动北京城,被誉为"舞剧创作史上的里程碑"。副团长赵秀琴等取材于阿拉伯民间故事《一千零一夜》创作的大型舞剧《阿里巴巴与四十大盗》,也好评如潮。

上海芭蕾舞团在成立之初有过辉煌的岁月。但是由于剧团内部管理比较松懈，分配上是大锅饭、平均主义，做好做坏、做多做少一个样，因此挫伤了广大演职人员的积极性。加上经费不足，上海芭蕾舞团开始走下坡路，人才大量流失。至1993年，演员、演奏员、编导人员共流失60余人；创作跌入低谷，有7年左右无人问津创作；演出虽然没有停顿，但很不景气，缺乏统筹安排，改革势在必行。

上海芭蕾舞团的深化改革是从1993年开始的，归纳起来，主要从领导体制、内部机制、管理体制三方面进行，并与争创文明单位相结合。领导体制改革由上海市文化局公开招聘剧团总经理，于1995年起实行总经理负责制，艺术总监及2名副总经理由总经理聘任，总经理全面负责剧团各项工作。艺术总监是剧团在艺术生产、艺术建设方面的策划者、统筹者、组织者。作为艺术总监，林泱泱在配合总经理实行内部机制改革方面，可谓竭尽全力。

首先坚持讲评考核。上海芭蕾舞团较长时间以来坚持了排练和演出的讲评会制度，每次演出和排练以后，均由林泱泱负责讲评，对基训、排练和演出中表现好的演员予以表扬，表现差的给予批评。同时，团里还经常组织演员观看演出录像，寻找不足，以利改进。对于违反规定的，不管是谁，一律按章严肃处理。一次在南京演出走台时，一位主要演员因闹情绪不好好排练，就在讲评会上被当众严肃批评。因此，上海芭蕾舞团演员无论是在排练还是在演出时，总是精神饱满，富有激情。还有一次，两位主要演员私自赴大连演出，事发后群众议论纷纷，看领导敢不敢处理主要演员，有的说："配角演员你们敢处理，主要演员你们就不敢。一处理就拿颜色给你们看。"针对这些情况，团领导召开了团务会议，统一思想。于是在讲评会上作出决定：一、没收全部违规演出收入；二、按规定处以罚款；三、要作书面检查。这样既教育了两位主要演员，又教育了大家，从此基本杜绝了不向团里报告就私自去外地走穴的现象。在现代芭蕾舞剧《白毛女》中饰演穆仁智的著名演员陈旭东，有一次在武汉人民大会堂的演出中忘了带道具账册，出了一个事故。他演《白毛女》已2000余场，从未出过这样的洋相，而且各方面的表现都不错，除了在台上饰演穆仁智外，在后台他还协助搞音响效果等，忙得不亦乐乎，因此有不少同志为他说情，要求原谅他一次。团领导慎重研究后认为，在规章制度面前人人平等，陈旭东好的方面应予肯定表扬，但演出忘带道具，影响了演出质量，必须按规定予以处罚。此事对培养演员严谨的艺术作风产生了良好的影响。

上海芭蕾舞团练功房变成了气氛严肃的考场。林泱泱邀请了中央芭蕾舞团、广州芭蕾舞团、辽宁芭蕾舞团和北京舞蹈学校的专家们一起坐在评委席上，考核上海芭蕾舞团的40多位演员。外请专家进行艺术考评的尝试，使上海芭蕾舞团的考核真正"严"了起来。时任上海芭蕾舞团总经理唐世伟告诉记者："艺术考核过去年年搞，但因为请的都是'熟面孔'，演员们往往不太当一回事。评委打分也难以做到完全公正。这次请的'考官'，全部是各芭蕾舞团的团长和舞蹈学院的权威学者，演员们不熟悉，评委们评分也很少'人情因素'的干扰，可以使考核更加公正。同时，通过考核来评聘演员，也更加有利于建立人才培养和淘汰机制。演员可以自由申报主要演员、领舞和独舞演员，经评委核定相应资格。主要演员不合格者作降级处理，工资下浮；群舞演员或未取得高级职称的演员，经考核获得主要演员或独舞、领舞演员资格的，则可晋升。群舞演员考核不合格者则下岗。"

新的考核方式在演员中激起了很大的反响。刚下考场的一位青年演员说："这样动真格的考核好，使我们有了奔头。只要自己勤学苦练，就有机会跳主角了。"在新的考核方式下，七位35岁以下的青年演员申报了主要演员的位置。所有参加考核的演员，近半个多月来都忙着练功，团里出现了比以往更加热气腾腾的景象。与此同时，也有少数业务表现一般的演员第一次有了危机感，个别的甚至提交了辞职报告。有的主要演员因为年龄偏大，已经主动转岗到了其他单位。评委之一、中央芭蕾舞团团长赵汝衡说："这次考核考出了一批好苗子，这种方式有利于竞争，是一个职业芭蕾舞团所必需的重要管理环节。"

为此，《文汇报》发表报道和编者按："今天本报刊发上海芭蕾舞团管理动真格的报道，是上海文艺院团在深化体制和机制改革方面涌现的又一个生动的实例。改革需要不断的探索，需要不断的积累经验。"还有记者点评："'动真格'，使上海芭蕾舞团的业务考评真正有了力度。要让文艺队伍永远保持朝气，不断有新的主要演员、新的明星出现，就要有严格的管理和公正的艺术评价两个机制。有规矩而不严格执行，就形同虚设；艺术评价不公正，则会挫伤优秀者的积极性。道理十分简单，但实际运作却并不容易。从外面请评委，易于打破各种'人情'阻碍，使'动真格'的考核有了一个好的基础。"

其次引进竞争机制。通过四年全员聘任制工作，逐步形成了竞争上岗、优胜劣汰的激励机制。1996年排演古典芭蕾舞剧《胡桃夹子》时，出现了争当主角克拉拉的生动情景。舞剧开排前，林泱泱召开主要演员会议，第一次明确提出竞争当主角,谁跳得好,就谁上。这次参加竞争主角的有四组演员,大家自觉地勤学苦练,你追我赶。三名青年演员季萍萍、陆晓音、姜勇是首次在大型舞剧中担纲,他们勤奋好学,进步很快。尤其是季萍萍,原有不少人担心她大戏跳不下来,但在蔡丽君等老师的精心指导下,经过两个多月的刻苦磨炼,终于较好地完成了演出任务,得到大家好评。在晋京演出中,舆论盛赞:"扮演女主角克拉拉的青年演员季萍萍,用她出神入化的精湛表演,出色地再现了这部经典舞蹈作品的艺术神韵。"

再则改革分配制度。分配原则建立在按劳取酬、多劳多得、有升有降、个人贡献与分配相结合的激励机制上,从而打破了分配上的大锅饭、平均主义的陋习。受聘人员均实行结构工资,结构工资由基本工资、岗位工资、演出费、奖金等组成,并逐步以增加演出收入来提高演职人员的生活待遇,工资分配实行向演员倾斜政策。演员、教师岗位工资分为 6 档,1 档与 6 档人员的工资幅度相差 5 倍左右,拉开了差距,而且工资每年以 20% 的幅度递增。四年来,工资从人均 300元到 1300 元,翻了 4 倍,从而调动了全体演职人员的积极性,增强了凝聚力。在演出劳务费和奖金的分配上也充分体现拉开差距、多劳多得的原则。领衔主演的演员和一般群舞演员的劳务费相差 6 至 7 倍,而群舞演员中多跳少跳也有所区别,绝不搞平均主义。

在管理体制改革方面,林泱泱狠抓队伍建设。而队伍建设重点是狠抓艺德教育,强调"树人为本,立德为先"。从艺术表演团体来讲,既要抓思想教育、道德培养等"软件"建设,又要抓改善设施、优化环境等"硬件"建设,两者不可偏废,但必须以艺术生产为中心,艺德教育为基本。上海芭蕾舞团在抓艺术生产的同时,采取各种形式,开展一系列职业道德教育,培养每个演职人员正确的劳动态度和敬业精神,努力提高演职人员的事业心、责任感,使他们以主人翁态度热爱本职工作,取得很好效果。

林泱泱制订了 8 条演员职业道德准则。即:爱党爱祖国,爱民爱事业;赛台勇拼搏,为国争荣光;心里装观众,艺风须严谨;不管夏和冬,坚持苦练功;主角与群舞,同样认真演;舞伴听安排,优化来组合;救场如救火,相互争着帮;艺术无止境,素养应提高。同时提出"为祖国争光,为人民跳舞"的口号,并且与上海市公安高等专科学校开展共建精神文明活动,因而在国内外演出都表现了高尚的艺德和良好的团风。每场演出后,由青年演员轮流打扫化妆间、后台等,受到各剧

豪华落尽是真淳　艺术评传

场的好评。赴宁波演出时,因剧场暖气管道中的聚氯乙稀受高热氧化,带有异味的浓烟滚滚外泄,见此情景,一些观众乱了方寸,匆匆离座而去,但演员们却临危不惧,在台上依然一丝不苟地坚持演出,离座的观众被感动了,又相继回到原座观看,并且给演员们报以长时间的热烈掌声。盐城新世纪文化城剧场经理原来担心说:"我们这里是小地方,你们不要看不起我们,戏不认真演。"看了演出他感动不已:"你们不愧是一流的演出水平,一流的团风。"

芭蕾明星、老演员的高尚艺德是最好的现身说法。芭蕾明星和老演员的高尚艺德是无声的榜样,他们的一言一行往往会影响乃至凝聚全体演职人员。在新加坡演出《白毛女》时,一名演狗腿子的演员患病,杨新华、李春源就争着要顶狗腿子一角,休息时就在下榻宾馆的走廊里排练,确保了演出的顺利进行。1996年赴天津演出时,在该剧中饰演鼠王的钟闵,因其母亲急病返沪,主要演员李春源主动请缨饰演鼠王。他连夜观看录像至翌日凌晨 2 时,出色地完成了顶替任务,人称李春源"超级替补队员"。老演员董锡麟、陈旭东、王国俊在《白毛女》中分饰杨白劳、穆仁智、黄世仁,他们均已步入知天命之年,而且还患有高血压和严重关节炎,但他们在台上依然跌打翻滚,从来不改一招一式,为青年演员树立了很好的榜样。辛丽丽给青年演员讲自己的成长史,对大家很有启发。演员带病坚持演出的事例不胜枚举。在珠海演出时,饰演赵大叔的朱福春突然尿道绞痛,送医院急诊,挂了两瓶盐水,尽管四肢发软,腹部阵痛,但在台上表演不走样。1996 年赴京、津演出时,杨新华踝关节患骨刺、韧带扭伤,疼痛难忍;辛丽丽发烧,四肢乏力;瞿笑意因劳累过度,牙肉都红肿,可他们都抱病登台,在台上依然龙腾虎跃。在天津歌剧院排练厅进行连排时,恰逢气温高达 32℃,排练厅无空调,闷热得像蒸笼,不少演员练功衣裤都湿透,像从水里爬上来似的。青年演员陈真荣中暑,突然头昏呕吐,脸如白纸,但他休息片刻,立即投入紧张的排练。专程从美国赶来的演出商看了排练后连声赞叹:"芭蕾艺术凝聚着演员的艰辛和汗水。"青年演员孙晓军在澳大利亚是唯一连演 14 场的人,他表演的《唐·吉诃德》中的《婚礼》双人舞引起轰动,他被舆论界称为"将是芭蕾史上升起的又一颗新星"。

艺德教育还包括利用巡回演出沿途的名胜古迹、革命遗址等人文景观进行爱国敬业教育。上海芭蕾舞团每到一地演出,几乎都要组织青年演员到当地的名胜古迹、革命遗址等进行参观游览。在广东省中山市演出时,组织参观中山纪念馆,以增进青年对革命先驱孙中山先生的了解;在东莞演出时,组织参观虎门鸦片战争纪念馆,从而认识香港回归的伟大历史意义;还组织参观重庆渣滓洞、白公馆和位于江苏徐州的淮海战役纪念馆等,让青年接受革命先驱的洗礼,领略革命者浴血奋战、视死如归的英雄气概,从而进一步激发爱国热情。在参观游览后,要求团员、青年以实际行动向革命先烈学习,在政治上要积极进取,坚定地跟党走;在业务上要勤学苦练,珍惜来之不易的优越工作环境。

《文汇报》不仅报道了上海芭蕾舞团的艺德教育,而且发表了短评:

"或许是由于职业特点的关系,艺术家最易成为众所关注的'公众人物'。人们在欣赏其艺术的同时,还会有兴趣评说他或她的人品。因此,历史上真正杰出的艺术家,从来就是既以非凡的艺术立世,又以高尚的艺德留名。应当说,在全社会日益浓厚的精神文明氛围的影响下,我们艺术家队伍中重视自身思想和道德修养,追求高尚艺德者正越来越多。但是也毋庸讳言,确有一些艺术家放松了对自己的思想要求,为了满足个人某些不合情理的要求,做出了一些有悖艺术家道德和良知的事。其中,以罢演要挟者有之,以假冒伪劣的文化产品哄蒙观众者有之,在各种演出中非法索要高额报酬而闹出种种丑闻者有之。有鉴于此,在我们的一些文艺院团中开展艺术艺德教育已刻不容缓。

"艺德教育包含了丰富的内容,但其基本点依然是怎么处理艺术家个人与观众的关系、艺术家个人与整个社会主义文艺事业的关系。因此,从根本上讲,我们还是要引导广大艺术家树立正确的世界观、人生观、价值观。希望文艺界的同行,都像上海芭蕾舞团那样,把艺德教育提上议事日程,认真实践,善于总结,把我们的文艺队伍建设得更好。"

林泱泱深深懂得,"一流城市要有一流芭蕾舞团",而要成为世界一流芭蕾舞团,必须"策马前途须努力,莫学龙钟虚叹息"。林泱泱深信在党和政府的关心支持下,在上海芭蕾舞团全体演职人员的共同努力下,跻身世界一流芭蕾舞团的目标一定会实现。

附　录

　　我天生就是一个爱舞蹈的人,"斜身含远意,顿足有余情",我很幸运,有幸进入北京舞蹈学校学习芭蕾,又进中央芭蕾舞团当了一年的演员,第二年就来到上海从事芭蕾舞教师工作,之后还担任编导。我虽然不能在舞台上一展身手,却能在舞台下多做些实实在在的工作,默默无闻、认认真真地培养学生,我从事芭蕾四十几年了啊。我的青春就是在培养学生中不断延续的。看到一棵棵舞蹈新苗茁壮成长、一群群洁白的天鹅展翅翱翔,我心里感到无限欣慰!

——林泱泱

从艺大事记

1949 年 7 月—1954 年 8 月	北京中国儿童艺术剧院演员；演出舞蹈《爸爸参军》《鞭炮舞》、童话舞剧《在果园里》、儿童剧《同志们和你在一起》等，拍摄电影《卫国保家》《一贯害人道》等。
1954 年 9 月—1959 年	北京市舞蹈学校芭蕾舞系学习；师承古典芭蕾陈伦老师，外国代表性民间舞蹈陆文鉴、邬福康老师及苏联古雪夫等专家。
1959 年—1960 年 9 月	中央芭蕾舞团演员；在经典芭蕾《天鹅湖》中饰演小丑，参加西班牙四人舞、群舞《玛祖卡》等演出，参加经典芭蕾《吉赛尔》一幕、《唐·吉诃德》三幕演出。
1960 年 10 月—1969 年 7 月	作为北京舞蹈学校第二批支援上海的业务骨干之一，调至上海市舞蹈学校芭蕾舞科，担任首届毕业班教师，培养出欧阳云鹏、张源源等主要演员。
1962 年 5 月	作为上海市舞蹈学校师生参加第三届"上海之春"演出，表演《唐·吉诃德》三幕双人舞。
1969 年 7 月—1979 年 7 月	参与编导舞剧《白毛女》，主要负责加工男子舞蹈，如大春和男子群舞，包括开打、八路军舞、大刀舞等，同时完成"四变"中的第二段舞蹈。此外还出演八路军小战士。作为芭蕾舞教师，于1972 年、1977 年随团出访朝鲜、日本、法国、加拿大。
1972 年 7 月	随团访问日本。其中访日之行被称为"芭蕾外交"，是中日关系的"破冰之旅"。访日回国后，9月 29 日中日两国正式建交。

1975 年	任芭蕾舞团编导组长。参与创作舞剧《苗山风云》，曾赴广西龙胜、融水地区深入生活。
1979 年	任主要编导，创作舞剧《玫瑰》，曾赴黑龙江故事发生地深入生活，还到达斡尔自治州访问，到大兴安岭满归与少数民族鄂温克人共同生活。《玫瑰》于 1979 年 7 月 10 日在上海市人民政府礼堂首演。
1980 年	创作双人舞《青梅竹马》，作为汪齐风首次参加国际芭蕾大赛——第三届日本大阪国际芭蕾比赛参赛节目。创作《光之恋》，参加在大连举行的全国舞蹈比赛，获创作三等奖。
1981 年 8 月	"石钟琴、欧阳云鹏舞蹈晚会"在上海展览中心友谊会堂举行，作为艺术总监，不仅专门为欧阳云鹏编排了独舞《随想曲》，还在《文汇报》发表评论文章，盛赞他俩的舞艺。
1982 年	创作双人舞《鹿回头》，参加在上海举行的第一届华东舞蹈会演，获创作二等奖。率汪齐风、林建伟参加第二届杰克逊国际芭蕾比赛，汪齐风获优秀演出特别奖。
1984 年	创作双人舞《凤凰》，参加在南昌举行的第二届华东舞蹈会演，获创作二等奖。
1984—1992 年	任上海芭蕾舞团艺术指导。
1984 年 10 月	率杜红玲、杨新华参加日本第四届国际芭蕾比赛，杨新华获男子个人优秀表演奖。
1984 年 11 月	率汪齐风、王才军参加第一届巴黎国际芭蕾比赛，获双人舞特别大奖——巴黎歌剧院发展协会奖。
1985 年 6 月	率汪齐风、杨新华参加第五届莫斯科国际芭蕾比赛，双双进入第二轮比赛。
1986 年	率辛丽丽、杨新华参加第十二届瓦尔纳国际芭蕾

比赛。创作双人舞《沉思》，参加第十二届"上海之春"演出，获创作三等奖。独幕舞剧《桃花潭》，参加"上海之春"演出，获创作二等奖。

1986 年 9 月	应邀赴澳大利亚悉尼、堪培拉芭蕾舞团，悉尼舞蹈学校，堪培拉舞蹈学校，墨尔本皇家舞蹈学校执教。
1987 年 6 月	率辛丽丽、杨新华参加第二届纽约国际芭蕾比赛，辛丽丽获女子组第一名，杨新华获男子组第三名。
1988 年初	率施惠、张利参加法国乌尔吉特市第七届古典舞蹈（芭蕾）比赛，双双荣获金奖，张利还获双人舞最佳女演员奖。
1990—2002 年	先后六次赴日本松山芭蕾舞团执教。
1991 年初	应邀赴新加坡芭蕾舞团执教。
1991 年 8 月	为美国哥伦布市青年芭蕾舞团改编安徒生童话《卖火柴的小女孩》，取名《奥佩丽》，并赴该市演出。
1993—2001 年	任上海芭蕾舞团艺术总监。
1993 年 7 月	在上海商城剧院，推出一台"雅致舞集"新人新作专场。
1994 年	推出古典芭蕾舞剧《唐·吉诃德》，并作了较大修改；复排首演版本《白毛女》；邀请俄罗斯著名编导塔博尔科·娜塔利娅·米哈伊洛夫娜排演芭蕾舞剧《罗密欧与朱丽叶》。
1995 年 5 月	赴中国台湾高雄、台南、台中、台北，演出《唐·吉诃德》和"雅致舞集"专场。参加旧金山国际舞蹈节，演出独幕舞剧《桃花潭》，这是《联合国宪章》签署 50 周年重要纪念活动。
1995 年 6 月	赴印尼雅加达、泗水，演出《天鹅湖》和"芭蕾集锦"专场。

1996 年	在上海艺术节推出日本版芭蕾舞剧《胡桃夹子》；邀请俄罗斯编导谢尔盖·谢雷诺维奇·费佳宁新创作舞剧《国王的故事》。
1996 年 9 月	赴澳大利亚墨尔本、悉尼、阿德莱德、堪培拉,演出《白毛女》,每场演出结束,还加演三个古典节目。
1999 年	制定并实施"培养 21 世纪芭蕾明星"计划,将一批 20 岁左右的年轻骨干演员范晓枫、孙慎逸、季萍萍、傅姝等推上一线接受大戏、大赛的考验,以期造就新一代芭蕾明星。
2002 年 5 月 14 日	因在芭蕾舞教学、推广和促进世界文化交流中做出的杰出贡献,获颁松山芭蕾舞团国际艺术奖,是获此殊荣的第一位中国艺术家。新华社发了消息。
2005 年 2 月	应邀赴台湾艺术大学执教,成为大陆赴台执教芭蕾第一人。
2011 年 7 月 2—17 日	收到台湾艺术大学校长黄光男先生邀请,参加该校表演艺术学院舞蹈学系"舞蹈技巧训练营""说文蹈舞学术研讨会"交流活动。

后记

　　2021 年春，当上海市文联的同志约我为上海芭蕾舞团艺术总监林泱泱写传记时，我十分纠结，一则，自 2015 年参与编纂《上海市志·文学·艺术分志·音乐·舞蹈卷》(1978—2010)舞蹈部分的内容，本应 2020 年完成，因疫情，历经六载，于 2021 年才交卷，本想舞蹈卷完成后喘口气或就此搁笔，颐养天年，"鬓底青春留不住，功名薄似风前絮"，如果又接新的写作任务，精神压力很大；二则，我已是耄耋之年，老伴长期患病，需要照顾，我也是疾病缠身。因此，老实说，起初并不想接这个任务。后来，上海文联的同志又在文艺会堂约我商谈，由于林泱泱年事已高，难以回忆和口述往事，而我与林泱泱又是同事，故写林泱泱传记"非我莫属"。市文联的信任，让我感到十分荣幸！于是接受了这个写作任务。

　　1978 年上海芭蕾舞团成立时，我被调到该团办公室工作，自此，与林泱泱朝夕相处二十余年，一起参加演出。他创作独幕舞剧《桃花潭》时，邀我写剧本；为改编梁山伯与祝英台的民间传说，共同赴上虞、鄞县深入生活……他为人很低调，对工作、对创作、对同事都很真淳，我们相处很融洽，我也为他写过一些文章，宣传他对芭蕾事业的奉献、对教师生涯的执着、对创作的不断探索，他的这些精神都是值得我很好学习的。

　　当然，要写一本 10 万字以上的传记，需要大量的素材，"作事必须踏实地，为人切莫务虚名"，于是，我四处奔走、搜集素材，走访了当年与他共事的教师及他的学生，赴上海芭蕾舞团、上海市舞蹈学校艺档室，查阅和复印了不少资料；市文联的同志千方百计买到了林泱泱父亲写的报告文学《昆仑岛上的战斗》一书，还帮忙收集林泱泱在上海电视台谈《白毛女》创作的录像给我；上海大剧院原总经理钱世锦亲自写了他与林泱泱创作芭蕾舞剧《玫瑰》的有关情况。上海芭蕾舞团更是全力支持，党总支原副书记冯玲提供不少档案中的素材；束颖佳、陈赵燕忙了一个下午扫描近 60 帧照片；李维仕复印了大量艺档室的有关文章等。初稿完成后,承蒙两位专家司徒伟智、徐姓民审阅,提出了宝贵意见和建议,据此作了认真的修改。总之,各方对写林泱泱传记均鼎力相助,在此,一并致谢!

　　写作过程确实困难重重,其间,老伴还不幸去世,但为老艺术家立传,是利在当代、功在千秋的好事,我能为此贡献绵薄之力,也很欣慰。不足之处,望予指正。

何士雄
2024 年 5 月 10 日